KB051995

슬기로운 미니멀 라이프

나에게 필요한 것은 남기고, 똑똑하게 채우는 시간

슬기로운 미니멀 라이프

홍은실 지음
(슬엄생 리나)

루리
책방
RURI-BOOKS

차례

프롤로그 … 12

1부 게으르고 싶어 미니멀 하는 여자가 살림하는 집

1. 우리집 변천사
- 작아도 있을 건 다 있던 신혼집 - 22평 … 18
- 식구가 늘었으니 짐도 늘고 집도 넓게! - 34평 … 19
- 많은 짐을 다 채워 넣은 작은 집 - 22평 … 21
- 팬트리와 베란다 없는 올 확장 우리집 - 31평 … 24

2. 우리의 새집 인테리어
- 필요 없는 주방 아일랜드 철거 … 26
- 조명으로 커피숍 기분 내기 … 28

• 도배로 분위기 교체 … 29

3. 하루의 시작과 끝을 함께하는 현관
• 첫인상이 모든 것을 말해준다 … 31
• 신발장엔 꼭 필요한 신발만! … 33
• 우리집 펜트리 역할을 하는 신발장 … 38

4. 다 되는 공간 거실
• 공간은 넓게, 산만하지 않게, 집중력 있게 … 39
• 꼭 필요한 미니멀 가구, 소파 … 44
• 집 안의 교실, 원형 테이블 … 47
• 관리할 장소 최소화하기 … 47

5. 사용하는 물건만 있는 욕실
• 건식으로 사용 중인 안방 화장실 … 49
• 가족 모두가 사용하는 거실 화장실 … 52
• 늘 깨끗한 화장실 컨디션 유지 비법 … 53

6. 마무리가 좋아야 시작이 좋은 주방
• 시작보다 마감이 중요한 주방 … 55
• 조리도구는 2개씩! … 57
• 냉장고의 변신은 무죄 … 60
• 자주 사용하는 식기를 넣어두는 하부장 … 61
• 우리집 상부장 … 62
  – 사용 빈도가 낮은 식기를 보관하는 상부장 ❶ … 63
  – 컵을 보관하는 상부장 ❷ … 64
  – 반찬통을 보관하는 상부장 ❸ … 65
  – 오븐레인지 위의 상부장 ❹ … 67

7. 단정하게 그리고 주인 마음대로 아이들 방

• 아이들 물건은 아이들 방에 … 69

• 아이들 장난감 수납함 … 71

• 우리집 맥시멈 = 아이 책장 … 72

• 아이 방이 꼭 필요할까? … 74

8. 리조트처럼 간결한 안방

• 리조트 같은 편안함 … 76

• 화이트 침구를 고르는 이유 … 77

• 모든 옷은 안방으로 … 78

• 키와 사용 빈도에 맞춘 서랍장 … 80

• 화장품 미니멀 … 80

• 좁은 드레스룸 최대치로 활용하기 … 82

• 우리집 대피공간은 계절 옷 보관 중 … 84

9. 엄마의 꿈이 자라는 홈 오피스

• 엄마의 홈 오피스 탄생 … 86

• 나만의 공간이 주는 의미 … 87

• 책상 배치는 문을 바라보게 … 89

• 도서관 대여 책을 두는 공간 … 90

• 필요한 곳에 물건 두기 … 91

• 운동복은 홈 오피스에! … 92

10. 우리집 수납의 숨은 공신

• 건조기가 있는 안방 베란다 … 94

• 활용도 만점의 넓은 세탁실 … 96

• 계절과 상황에 맞게 사용하는 실외기실 … 98

2부 집안일 쉽게 하는 나만의 살림 루틴

1. 비움에 관한 나만의 생존 미니멀
- 천천히, 그리고 확실하게 비우기 … 102
- 아침 루틴, 등원 전 청소 끝내기 … 104
- 등교 준비는 스스로, 행거와 옷걸이 활용 … 105
- 아이들 물건은 손이 잘 닿는 위치에 … 107

2. 주방 살림 루틴
- 위생과 직결된 주방 정리 … 110
- 종류별로 보관한 주방 양념 … 111
- 자연 환기가 가능한 주방 창 … 112
- 주방용품 등을 보관하는 하부장 … 113
- 싱크대 아래 보관하는 주방 청소 도구 … 117
- 알뜰하게 소비하는 방법, 소분(小分) … 119
- 우리집 반찬 용기 … 120
- 쓰레기통 없는 집 … 122
- 고무장갑과 행주 … 123
- 냉파 후 주방 청소 … 123
- 주방 찌든 때 없애기 … 124

3. 정리정돈이란 물건의 자리를 정해주는 일
- 종이가방을 넣은 신발장 … 128
- 물건은 늘 있던 그 자리에! … 129
- 우산은 사람 수 만큼만 … 130
- 보기 예쁜 정리만 정리가 아니다 … 133

4. 10분 만에 화장실 청소 끝내기
• 힌트는 공중부양 ⋯ 135
• 우리집 화장실 슬리퍼 ⋯ 136
• 청소도구 보관법 ⋯ 137
• 바가지, 스퀴지, 바구니 삼총사 ⋯ 138

5. 허용하는 공간과 시간
• 공간 | 각 잡히지 않아도 괜찮아! ⋯ 140
• 시간 | 지금은 어질러도 괜찮아! ⋯ 143

6. 재료준비만 되어 있으면 요리는 10분 컷!
• 자투리 채소 보관과 요리 ⋯ 145
• 요리 10분 컷 ⋯ 146
• 우리집 조식은 호텔 느낌 ⋯ 147
• 나를 대접하는 느낌으로 혼밥 ⋯ 149
• 주중/주말 살림 루틴 ⋯ 150

3부 라이프가 미니멀이 되다

1. 밀도 있는 살림하기
• 시간을 벌어다 준 미니멀 라이프 ⋯ 154
• 5분만 해보자! ⋯ 156
• '나'라는 금광 캐기 ⋯ 157

2. 나를 돕는 살림하기
• 집 돌보기와 나 돌보기 ⋯ 161

• 주부 9단으로 만들어 주는 꼼수 살림 … 165
• 나를 돕는 사람은 '나' … 167

3. 슬기로운 살림하기
• 모든 일에는 지혜가 필요하다 … 172
• 빨래 스트레스를 날려버린 건조기 … 173
• 남편 대신 설거지 중인 식기세척기 … 174
• 로봇 청소기 이모님 … 175
• 남편에게 살림 외주주기 … 175

4. 지갑도 미니멀이 되다니
• 마이너스에서 플러스로 … 179
• 필요한 카드만 최소한으로! … 181

5. 식비 다이어트
• 쇼핑욕은 식재료로 플렉스 … 182
• 그때그때 사서 소진하기 … 185
• 식재료 파악에 용이한 냉장고 파먹기 … 186
• 우리집 매주 식단표 … 187
• 있을 건 다 있는 냉장실 … 190

6. 보험 다이어트
• 자신의 보험 내역을 알아보자 … 193
• 보험을 드는 마인드 … 195
• 피하지 말고 즐겨라 … 196
• 갈아타느냐 다이어트냐 … 197
• 모든 선택은 나에게! 책임도 나에게! … 197
• 두려움을 극복해야 올바른 판단이 가능하다 … 198

7. 쇼핑 다이어트

• 물욕은 다스리는 것이 아니다 … 199

• 신용카드 대신 체크카드로 … 200

• 미리 사지 않기 … 201

8. 지구를 돕는 미니멀 라이프

• 쓰레기 줄이기보다 에너지 줄이기 … 203

• 목욕 후 모아진 물은 욕실 청소용으로 … 204

• 잠깐의 불편함으로 에너지 절약 … 206

• 미루지 않는 습관 … 207

• 관리비 내역 확인하기 … 208

• 우리집 친환경 주방용품 … 209

• 물건은 깨끗하게 오래도록 사용하기 … 210

• 여러 번 재사용이 가능한 비닐봉투 … 212

• 편의점과 소포장 문제 … 214

• 빈 용기를 내미는 용기 … 215

• 리필용과 대용량 제품 … 217

• 먹을 만큼만 요리하기 … 219

에필로그 … 220

나는 생존을 위해 '미니멀 라이프'를 시작했다.

두 아이의 엄마인 나는 결혼 8년 차에 임용 고사 준비를 다시 시작하면서 공부시간을 확보해야 했는데 공부전략을 짜는 것보다 먼저 공부시간 확보를 위한 전략을 짜야만 했다.

주부인 나는 아이들이 등원하고 하원하기 전까지만 공부를 할 수 있었는데 첫째는 무려 1학년이었기에 내가 혼자 있을 수 있는 시간은 몇 시간 되지 않았다. 도서관에 오고 가는 시간도 줄여야 했는데, 문제는 집에 있으면 집안일이 눈에 보일 것이 뻔했다는 것이다. 집이 어수선하면 집중력이 흐트러질 것이 분명했기에 집안일, 특히 집 안 곳곳에 늘어져 있는 물건을 정리하는 데에 드는 시간을 줄여야 했다.

살림에 사용하는 시간을 줄이기 위해 물건을 줄이기로 했다. '지금 나에게 필요 없는 것'을 정리하는 것에 집중했고, 본격적으로 공부를 시작하기 전에 필요 없는 물건 정리를 시작했다. 지금 생각하면 집을 하얗고 깨끗하게 만드는 것이 목적이 아니었기에 한꺼번에 모든 짐을 다 버리고 다시 구입하는 실수를 하지 않았다는 것이 다행이다.

나는 공부할 시간을 확보하기 위해 미니멀 라이프를 시작했고, 내게 꼭 필요한 물건을 남기는 과정을 지나면서 삶의 많은 부분에서 변화가 일어났다. 나에게 미니멀 라이프는 '나비효과'였다. 나의 삶에 작은 날갯짓으로 다가온 미니멀 라이프는 내 삶에 큰 변화를 이끌어 냈다. 귀한 시간을 확보하게 해 주었고, 물건이 귀한 줄 알게 되었으며, 월급이 왜 통장을 스치고 지나가는지 이유를 찾았고, 물건을 버리면서 환경까지 생각하게 되었다. 집안일에 쓰는 시간을 줄이기 위해 미니멀 라이프를 시작했는데 가정 경제까지 돌보게 될 줄은 몰랐다.

나의 미니멀 라이프는 내게 꼭 필요한 물건과 가치를 남기는 것이기에 타인과 비교할 수 없고 비교할 필요도 없다. 그리고, 그렇게 시작된 나의 미니멀 라이프는 나만의 속도에 맞춰서 현재까지 진행 중이다.

누군가 나에게 "미니멀 라이프가 뭔가요?"라고 묻는다면 나는 "삶입니다"라고 대답하고 싶다. 또한 "저도 미니멀 라이프를 시작하고 싶어요"라고 말하는 분에게는 "왜 미니멀 라이프를 하고 싶으세요?"라고 묻고 싶다.

미니멀 라이프는 맹목적인 비움이 아닌 '남김'이다. 물건의 양을 줄이는 것이 아니라 삶의 질을 높이는 것이다. 있어도 되고 없어도 되는 물건 여러 개보다 하나를 가져도 내 마음에 드는 물건으로 채우는 삶. 전체적인 삶의 균형을 맞추어 가는 과정이 미니멀 라이프가 아닐까 생각한다.

《슬기로운 미니멀 라이프》는 동경의 눈으로 바라보는 것에 만족하는 멀리 있는 미니멀 이야기가 아니다. 어쩌면 누군가는 '이 집은 미니멀 라이프가 맞는 거야?'라고 생각할지도 모르겠다. 우리집은 빈방도 없으며, 가구가 적지도 않고, 물건 하나로 열 가지 역할을 해내지도 않기 때문이다. 하지만, 팬트리와 창고도 없고 베란다도 하나밖에 없는 집에서 불편함 없이 살아내고 있는 나는 미니멀 리스트이다.

물건 없는 빈방으로 이루어진 삶이 아니라, 본인의 필요에 맞춰 만들어가는 미니멀 라이프가 중요하다. 나의 가치에 맞는 비움과 남김이 있어야 지속할 수 있다. 내 삶의 좌우명이라고 할 수 있는 '슬기롭게/간결하게/꾸준하게'라는 세 단어가 주는 힘은 무척 크다. 집에서 살림을 하더라도 지혜롭게 하고 싶고, 시간은 소중하기에 내 시간은 간결했으면 좋겠고, 의미 있는 일들을 꾸준히 해나갈 수 있으면 좋겠다.

손에 잡히지 않는 이상적인 삶보다 내 손안에 있는 실제가 좋지 않은가. 적어도 나의 미니멀 라이프는 이상이 아닌 실상이다. 나만의 속도를 찾아, 나만의 미니멀 라이프를 찾는 것.《슬기로운 미니멀 라이프》를 통해 그런 삶을 함께 나누어보려고 한다.

온 힘을 짜내어 짧은 시간 안에 지저분한 집을 깨끗하게 만들 수도 있다. 비용을 들여서 정리 업체에 맡기는 것은 편하다. 하지만 그것을 유지하는 것은 오롯이 본인에게 있다.

《슬기로운 미니멀 라이프》는 나만의 속도에 맞추어 누구와도 비교하지 않고 천천히 다져온 '생존 미니멀'에 대한 이야기다. 이 책을 읽으면서 왜 미니멀 라이프를 하고 싶은지 이유를 찾을 수 있는 기회가 된다면 좋겠다. 그리고 누구와도 비교하지 않는 라이프를 만들어 간다면 좋겠다. 그것이야말로 지속 가능한 미니멀 라이프가 될 것이고 꾸준히 자신의 삶을 돌볼 수 있는 방법이 될 것이다. 하다가 포기하고 이전 삶으로 돌아가는 미니멀 라이프가 아니라 '라이프가 미니멀'이 되는 그날까지 꾸준히 할 수 있는 미니멀 라이프를 응원한다!

1부

게으르고 싶어
미니멀하는 여자가
살림하는 집

1.
우리집 변천사

2011년~2012년	:22평 :우리의 첫 번째 신혼집
2013년~2014년	:34평 :첫째 돌~3살까지 살았던 베란다 확장된 집
2015년~2019년	:22평 :신혼집과 같은 면적과 구조의 작은 집
2020년~현재	:31평 :네 식구 살기에 부족함이 없는 올 확장 신축 집

작아도 있을 건 다 있던 신혼집 (22평[72/59m²])

나는 전용 22평, 실평수는 18평인 15년 넘은 오래된 아파트에서 신혼생활을 시작했다. 현관 입구에 있는 작은방은 장롱 하나만 두어 옷방으로 썼고, 안방은 침대와 서랍장 하나만 두었다. 그리고 남은 작은방 하나는 책상과 책꽂이 하나씩만 두고 부부의 서재로 썼다. 거실은 소파와 TV, 그리고 TV장만 두었고 부엌은 2인용 식탁과 냉장고와 전기밥솥, 전자레인지, 베란다에는 세탁기를 놓았다. 당시에는 미니멀 라이프라는 단어를 알지도 못했지만 우리 신혼집에 있는 가전·가구는 이게 다였다. 간결함의 끝판왕, 이보다 더 깔끔할 수는 없다고 생각했다.

그런데 신혼집은 1년 만에 바뀌었다. 아이가 생긴 것이다. 아기는 태어나기도 전부터 짐을 만들어 냈다. 왜 그렇게 사야 한다는 물건들이 많은 건지 출산 준비를 하면서부터 18평 작은 집 안에는 물건이 넘쳐나기 시작했다. 제일 먼저 들어온 유아매트를 시작으로 아기가 사용할 큰 물건이 들어오면서 집안 분위기가 바뀌기 시작했다. 18평 집은 너무 좁았다. 마침 아이가 돌이 될 무렵, 남편이 타지역 학교로 발령을 받아서 이사를 가게 되었다.

식구가 늘었으니 짐도 늘고 집을 넓게! (34평[112/84m²])

우리는 광폭 베란다까지 확장이 된 34평 넓은 집으로 이사를 했다. 그러자 그 많던 짐을 다 넣어도 집 곳곳에는 빈 공간이 보였고 나는 그곳을 채우기 시작했다. 허전해 보이는 거실 아트월에 놓을 선반을 샀고, 18평 집에서는 딱 맞던 3인용 소파가 애처로워 보여서 아기 소파도 추가로 구매했다. 그리고 거실의 서재화를 꿈꾸며 기존 집 서재에 있던 책장을 거

빈 아트월을 보지 못해서 선반을 사서 놓았고, 아이보다 큰 곰인형을 비롯한 각종 장식품과 아이 소파를 사고, 거실의 서재화를 꿈꾸며 책장으로 꾸몄던 34평 거실

실에 놓았는데도 벽이 남아 책장을 2개 더 사서 채웠다. 물론 늘어난 아이 책 때문이라는 변명을 잊지 않았다.

현관문만 열고 나가면 집 앞 놀이터가 있었지만 아이가 있는 집이라면 거실에 미끄럼틀 하나는 있어 줘야 할 것 같았다. 미끄럼틀 옆에는 산 것, 받은 것 포함해서 자동차 3대가 주차되어 있었고, 그렇게 우리집은 짐으로 채워졌다.

빈 공간이 보이면 물건으로 채워야 할 것 같았다. 벽이면 벽마다 무언가를 걸었고, 공간이 보이면 예쁜 소품으로 채웠다. 가구 재배치를 즐겨했던 터라 이리저리 가구를 옮기며 변화를 주고는 했지만 그러면서도 남는 공간이 보이면 무언가를 사서 더 채워 넣었다. 평수가 주는 함정에 빠진 것이다! 나는 그것이 맥시멈이라는 것도 인지하지 못한 채 물건으로 꽉 찬 삶을 살던 중 생애 첫 집을 마련하게 되었다. 신혼집과 같은 실평수 18평으로!

많은 짐을 다 채워 넣은 작은 집 (22평[79/59m²])

집은 다시 반토막이 났다. 이 많은 짐을 어떻게 해야 할지 고민하던 나는 탁월한 공간 감각과 길이감을 발휘했다. 머릿속으로 큰 짐들을 어디에 어떻게 배치할 것인지 시뮬레이션을 돌린 후 버려야 할 것들을 추려냈다. 침대, 소파, 서랍장이 당첨되었고 새것과 다름없는 가구들은 내 돈을 주고 다시 버려야 했다. 그리고 놀랍게도 나는 그 세 가지 가구를 빼고는 모든 물건을 전부 가져갔다. 반토막이 난 집으로 이사 가면서도 5톤 트럭으로 해결되지 않아 급하게 추가 트럭을 요청했고 이사 비용은 40평 못지않게 청구되었다.

작은 집이었지만 베란다가 3개, 창고는 2개였다. 정리에 자신 있던 나는 큰 짐을 중심으로 모든 물건을 수납했다. 착착 물건 정리하는 것은 어렵지 않았다. 그리고 나는 반토막이 난 집에 와서 또 물건을 사들였다.

침대를 버리고 왔지만 잠을 자야 했기에 깔판과 매트리스를 구입했고 늘어나는 아이들 장난감을 정리할 목적으로 장난감 수납장도 샀다. 식구가 늘었으니 김치냉장고를 추가로 구매했고 아이들이 커가니 수준에 맞

큰 냉장고는 주방 베란다에, 김치냉장고는 작은 부엌에, 거실 베란다에는 아이들 장난감 정리함을 두었던 작은 집

는 전집도 5질 구입했다. 그렇게 살면서도 나는 늘 쾌적한 공간을 원했다. 집에서 보내는 시간이 힐링의 시간인 나는 매일같이 물건정리로 나의 시간과 에너지를 소비했다. 그때까지도 미니멀 라이프라는 개념을 알지 못했기 때문에 짐을 줄여야겠다는 생각은 하지 못한 채 그 많은 짐을 가지고서도 깔끔하게 살기 위해서 하루 종일 동동거리며 움직였다. 우리 집은 깨끗했지만 나는 귀한 시간을 물건 정리하는 데에 다 써버리고 늘 피곤해했다. 그러던 와중에 임용 고사를 준비하면서 미니멀 라이프를 만났다!

미니멀 라이프를 시작했지만 거실은 아이들 책으로 가득했다. 책 육아를 한 나로서는 아이들 책에 대한 애착도 있었고, 어릴 때부터 책을 가까이 했던 아이들은 눈을 뜨면 거실로 나와서 책부터 봤다. 내게 미니멀 라이프는 물건을 줄이는 데에 급급한 일이 아니라, 나를 편하게 해 주는 삶의 방식 중 하나였기 때문에 아이들 책을 급하게 비워내지는 않았다.

아이들과 함께 최대한 공간을 누릴 수 있도록 거실에는 TV와 책장만 두었다. 아이들이 어려서 거실에서 많이 생활했는데 물건을 아이 방에 두면 엄마의 정리 동선만 늘어날 뿐이었다. 우리집은 거실을 서재화 해서 엄마의 동선을 줄이도록 했다. 또한 화장실에 욕조가 없어서 아이 욕조만 두었고 다른 물품은 최소화하면서 우리집은 미니멀 라이프가 적용된 삶을 찾아가기 시작했다.

욕조가 없는 작은 화장실에는 아이 욕조와 최소한의 물품만 두면서 미니멀 라이프를 적용하기 시작했던 작은 집

팬트리와 베란다 없는 올 확장 우리집(31평[101/74m²])

작은 집에서 5년을 살다가 우리는 신축 아파트를 분양받아서 이사를 하게 되었다. 현재 우리가 살고 있는 아파트는 올 확장된 31평 아파트이다.

미니멀 라이프를 알게 된 후 현재 집으로 이사를 온 나는 각 공간마다 역할을 부여해 주었다. 거실은 다 되는 공간, 안방은 잠자는 공간, 작은 방 하나는 아이들 공간, 다른 작은방은 엄마·아빠의 서재로.

이렇게 방마다 역할을 명확하게 해 주면 집을 꾸미기도 쉽지만 죽은 공간이 존재하지 않게 된다.

2.
우리의 새집 인테리어

주방 아일랜드 철거

우리가 두 번째로 살았던 34평 집에서는 아일랜드가 있었다. 아일랜드를 식탁처럼 사용하는 사람도 있지만 우리집은 치워도 치워도 끊임없이 물건이 쌓이는 공간이었다. 물건을 정리하는 데에 보낸 시간만 모아도 몇 날 며칠은 될 것 같았을 정도다.

현재 살고 있는 31평 아파트에도 주방과 거실을 분리하는 역할을 하는 아일랜드 식탁이 있었다. 그런데 이 아일랜드로 인해 오히려 식탁 놓을 자리가 애매해졌고 4인용 소파도 놓기 힘들었다. 결국 나는 아일랜드 식탁을 철거하기로 했다. 무분별하게 물건이 쌓일 공간을 없애버린 덕분에 나는 에너지를 아낄 수 있게 되었고, 무엇보다 넓은 테이블을 보기 좋

아일랜드 식탁이 있던 신축형 아파트 모습

게 놓을 수 있게 되었으며, 그럼에도 공간을 여유롭게 사용할 수 있게 되었다.

아일랜드 식탁 아래에 있는 수납장은 포기했다. 그리고 아일랜드 철거로 인해 거실 벽지까지 다시 해야 했지만 불필요한 공간을 두고 계속 후회만 하니 돈을 조금 더 쓰더라도 철거하는 편이 낫다고 생각했다. 덤으로 거실에서 주방으로 진입하는 동선도 매우 짧아졌기에 들인 비용에 비해서는 많은 것을 얻은 만족스러운 결정이었다.

비움에도 많은 비용이 들어간다. 하지만 나의 소중한 시간과 에너지를 벌어다 주니 아까워할 필요가 없다고 생각한다. 미니멀 라이프를 하면서 좋은 점 중에 하나는 버릴 것과 가지고 있을 것의 판단 기준이 명확해진다는 것이다.

조명으로 커피숍 기분 내기

아일랜드 철거로 인해 기존 주방 조명의 위치는 식탁의 위치와 맞지 않게 되었다. 포인트가 되는 펜던트형 조명을 사용하고 싶었지만 위치를 옮기게 되면 기존 천장의 도배를 다시 해야 했다. 그래서 알아보니 기존 전선이 내려오는 위치를 살려서 레일 조명을 달면 굳이 천장 도배를 하지 않아도 되었다. 레일 조명 덕분에 우리 집은 카페에 온 것 같은 분위기를 낼 수 있게 되었다.

도배로 분위기 교체

우리집에 오는 손님마다 집이 예쁘다고 하고, 인스타에 사진을 올리면 모델하우스 같다는 칭찬을 듣기도 한다. 하지만 사실 우리집은 인테리어를 했다고 할 만한 것은 아일랜드 식탁을 철거한 것과 도배를 새로 한 것밖에는 없다. 흔한 소품도 없고 포인트를 주는 액자도 없다. 두꺼비집을 가리는 용도의 액자 하나가 있을 뿐인데도 집이 예뻐 보이는 이유는 화이트와 우드를 기본으로 물건을 최소화 했기 때문이 아닐까 생각한다.

우리집 기본 벽지는 노란빛이 강한 화이트였는데 거실 도배를 하게 되면서 집 전체 벽 도배를 다시 하기로 했다.

진한 회색의 벽돌 모양의 벽지였던 안방은 어둡지 않으면서도 편안함을 주는 그레이로 선택해서 잠자는 방에 맞춤이다. 아이들 방은 연핑크로 했고 홈 오피스는 안방보다 한 톤 더 밝은 그레이에 도장 느낌의 벽지를 선택했다. 처음에는 적응 기간이 좀 필요했는데 볼수록 깨끗한 느낌이 든다. 거실과 나머지 벽 전체는 밝은 화이트로 도배를 해서 집 전반적인 분위기가 많이 밝아졌다.

집안의 전체 톤을 정하고 분위기를 바꾸는 것은 벽지이다. 화이트는 어떤 가구를 가져다 놓아도 자연스럽게 흡수하는 매력이 있다. 살면서는 하기 힘든 작업이기 때문에 이사를 갈 때마다 도배는 새로 하고 들어갔었다. 지금 집도 새 집이기는 하지만 벽지를 하지 않았다면 두고두고 후회했을 것 같다. 인테리어 '잘·알·못'이라면 더더욱 도배를 추천한다. 가구와 소품들로 비우고 꾸미는 것보다 벽지를 바꾸는 것이 가성비 최고의 인테리어라고 생각한다.

3.
하루의 시작과 끝을 함께하는 현관

첫인상이 모든 것을 말해준다

우리집 첫인상을 결정하는 공간, 현관! 나는 누군가에게 잘 보이기 위함보다 우리 가족의 출발과 마무리가 단정했으면 하는 마음이 컸다. 나가도 복을 받고, 들어와도 복을 받는 우리 가족이 되었으면 좋겠다는 마음이었다. 매일 학교를 오고가는 남편에게 현관은 깔끔한 시작과 편안한 쉼이 되었으면, 학교와 유치원을 오고가는 두 아이의 하루 시작과 끝이 산뜻하였으면 하는 바람 말이다.

　보통 현관이라고 하면 신발장이 있는 실내 공간을 생각하기 쉬운데 나는 현관문이 보이는 바깥 공간도 신경을 쓰려고 한다. 앞집이나 옆집에 피해가 갈 수도 있기 때문에 쓰레기나 분리 배출 물품은 두지 않는다.

이웃이 불편하지 않도록 쓰레기나 분리 배출 물품 등은 두지 않는 우리 집 현관문 앞

매일 신는 신발은 띄움 시공된 신발장 아랫부분에 넣어 최대한 보이지 않게 하는 우리집 현관 모습

현관 밖은 우리집을 지나는 모든 사람이 볼 수 있는 공간이기에 쾌적함을 잃지 않으려 노력한다. 배려는 사랑이다. 물건만 두지 않아도 절반의 성공이다!

현관을 집의 얼굴이라고 말하기도 한다. 문을 열고 들어서면 바로 보이는 곳이기에 나는 현관이 늘 정갈한 공간이었으면 했고 가장 쉬운 방법은 바닥에 아무것도 두지 않는 것이었다. 우리집은 신발장 띄움 시공을 했기 때문에 신발을 보이지 않게 둘 수 있어서 좋다. 물건을 두지 않는 것은 습관이 되면 참 쉬운데 처음 습관을 바꾸는 것이 쉽지 않다. 의도적인 애씀이 필요한 부분이다.

현관을 깨끗하게 하는 중요한 방법은 쓰레기나 분리 배출 용품들을 두지 않는 것이다. 잠시라도 물건을 놓게 되면 그 위에 물건이 쌓이기 쉽다. 택배가 오거나 시장에 다녀왔다면 바로 정리하는 것이 좋다. 외출에서 돌아온 후에는 바로 신발장 안으로 신발을 넣고 슬리퍼처럼 자주 신는 것들은 띄움 시공이 된 쪽으로 밀어 넣어 눈에 잘 띄지 않게 한다.

신발장엔 꼭 필요한 신발만!

아이들 신발은 주로 신는 신발 한 켤레가 기본이다. 아이들 발은 금방금방 크기 때문에 많은 종류를 가지고 있는 것보다 편하고 잘 신는 신발 한두 켤레가 더 유용하다. 때에 맞추어 필요한 신발만 가져도 금세 여러 켤레가 되니 욕심내지 않고 처음 신발을 살 때부터 똑똑한 한 켤레를 사는 편이다. 여기서 똑똑하다는 말은 '아이들 마음에 드는 편한 신발'이라는 뜻이다!

게다가 성장기 아이들은 한 해도 신지 못하고 신발이 작아지는 경우가 많아서 딱 맞는 사이즈를 사면 다음 해에는 작아서 신지 못한다. 그래서 계절용 신발을 구매할 때에는 조금 넉넉한 사이즈를 구입한다.

아이 용품을 물려받을 때도 무분별하게 받으면 짐이 되는 경우가 생긴다. 필요한 용품만 받는 것이 중요하다. 계절용 신발이 특히 그런 편인데 미리 받아둔 후 맞는 계절에 신기려고 하면 작아져 버리는 경우가 생긴다. 필요하지 않은 물건을 받아서 사용하지 않는 것보다는 더 필요한 사람에게 갈 수 있도록 거절하는 것도 배려이지 않을까. 또한 작아진 아이들 신발은 바로바로 비우거나 나눔을 하면 좋다. 그래야 우리집에도 때에 맞는 아이 신발을 또 들일 자리가 생기지 않겠는가.

딸아이가 3세 때에는 미니멀 라이프를 알지 못했다. 첫 아이라 그랬는지, 딸이라서 그랬는지는 잘 모르겠지만 그때 사진을 보면 신발이 참 많다. 여름 샌들만 해도 5켤레, 겨울 부츠는 2켤레, 정장용 구두는 4켤레… 저 중에는 불편하다며 아이가 신지 않으려 했던 것도 있고, 엄마가 신겨주기 힘든 신발도 있었다. 중고로 팔거나 나눔을 했으면 됐을 텐데 그런 생각은 하지도 못하고 아침마다 딸과 신발 고르는 전쟁 아닌 전쟁을 치러야 했다.

게다가 아이 신발이라고 해도 결코 저렴하지 않다. 당시에는 필요에 의한 소비라고 생각했지만 지금 돌아보면 당시 통장이 '텅장'이었던 이유가 보인다. 신발만 그랬을 리가 없다. 저 신발에 맞는 옷의 종류는 얼

딸아이가 신발 부자였을 때와 현재의 신발 개수 차이

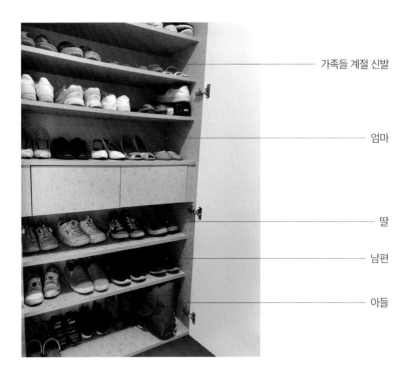

가족들 계절 신발

엄마

딸

남편

아들

마나 많아야 했으며, 그렇게 입고 신었으니 얼마나 많이 돌아다녀야 했는지.

아이들도 예쁜 것을 좋아하기는 하지만 신발은 편한 것을 선호하는 경향이 크다. 남자아이라면 더하다. 사계절 내내 크록스만 주야장천 신는 것을 보면 알 수 있다. 현재 딸아이는 주로 신는 신발이 4~5켤레 정도 있다. 봄이 되면 발에 맞는 예쁜 구두를 한 켤레 사주면 될 것 같다. 때에 맞는 옷에 꼭 필요한 신발이기에 이만큼 가지고 있기는 하지만 필요 이상 사거나 물려받지 않는다. 더욱이 코로나 시대에 학교도 잘 가지 못했기 때문에 많은 옷과 신발은 더욱 필요 없게 되었다.

제일 키가 작은 아들의 신발은 신발장 가장 아래에, 남편의 신발은 그 위 칸, 키가 큰 초등학생 딸아이의 신발은 서서 꺼내기 쉬운 중간에, 엄마의 신발은 위쪽에 놓았다. 그리고 손이 닿기 힘든 맨 위쪽에는 계절에 따라 꺼내 신는 신발을 올려둔다.

현재 내가 가지고 있는 신발은 남편보다 훨씬 많다. 뾰족구두, 플랫구두, 겨울 구두, 여름 구두, 운동화까지 대부분 미니멀 라이프를 알기 전에 들인 신발들이다. 저 중에는 10년이 된 구두도 있는데 아직까지 잘 신고 있기 때문에 굳이 비우지는 않았다. 미니멀 라이프라고 해서 무조건 개수를 줄이는 데에 목적을 두지 않는다. 사용 빈도가 적어도 아직 사용하는 물건이라면 비울 필요는 없다고 생각한다. 가끔 한 번씩 사용할지라도 필요한 물건이라면 비움 후 언젠가 다시 그 물건을 사게 된다. 그러니 비움에는 신중함이 필요하다. 아까워서 버리지 못하는 것과는 다른 차원이다. 나는 미니멀 라이프를 알고 나서 물건을 버리지 못한 적도 없지만 비움을 위한 비움을 하지는 않는다.

교사인 남편은 직업 특성상 슬리퍼를 자주 신는데 저렴한 슬리퍼 한 켤레를 1년에 한 번씩 구입해서 신고 있다. 나도 학교에서 근무했을 당시에 슬리퍼를 신었는데 웬만한 신발보다 더 고가였던 제품이다. 내 슬리퍼는 발이 편했고 내구성이 튼튼해서 사계절 중 겨울을 빼고는 나와 한 몸처럼 지냈고 5년 동안 잘 신었던 기억이 있다. 고가의 슬리퍼를 샀던 것은 지금 생각해도 '좋은 소비'였다라는 생각이 든다.

여기서 '좋은'이라는 의미는 '비싼' 물건이라는 뜻이 아니라 '나에게 맞는' 물건이라는 의미다. 신발은 편하고 튼튼한 게 제일이라고 생각한다. 이전에는 저렴한 물건을 사서 자주 교체하는 것이 하나의 재미였는데 미니멀 라이프를 알게 되면서 꼭 필요한 물건만 남기다 보니 그것이 환경으로까지 생각이 미치게 되었고 그 결과 초기 비용이 조금 들더라도 내 마음에 드는 가성비 좋은 물건 하나를 오래 쓰는 것으로 바뀌었다.

개인마다 생각과 가치관이 다르기에 나는 남편의 스타일은 존중한다. 미니멀 라이프를 지향하는 사람도 각자가 만들어가는 모습은 다를 수밖에 없다. 나처럼 천천히 시행착오를 겪으면서 꾸준히 해나가는 사람도 있을 것이고, 빠른 속도로 미니멀 라이프를 진행하고 실천하는 사람도 있을 것이다.

속도와 결과가 아니라 자신에게 맞는 미니멀 라이프를 찾는 것이 중요하다. 비움과 남김에 대한 내 생각과 가치관의 변화가 생겼는지, 가치관과 라이프에 확신이 있는지가 중요하다. 그래야 미니멀 라이프를 지속할 수 있다.

우리집 팬트리 역할을 하는 신발장

지금 우리가 살고 있는 집은 신축임에도 팬트리가 없다. 우리가 집을 살 당시에 팬트리가 있는 구조는 모두 분양 마감이었기 때문에 우리는 구조에 대한 선택지가 없었지만 '물건을 쌓아둘 공간이 없으니 쌓일 물건도 없겠지!'라고 생각했다.

다행히 신발장이 양쪽에 있어서 왼쪽은 가족 신발을 수납했고, 오른쪽은 팬트리로 이용 중이다. 이사 왔을 때에는 전공 책을 비우지 못해서 신발장에 보관했었는데 지금은 전부 비워내고 여행용 캐리어 2개, 아이들 문구류, 여분 마스크, 중고 판매를 위해 대기 중인 가습기 등을 넣어두었다.

신발 보관은 왼쪽만으로도 충분해서 오른쪽 공간은 팬트리로 사용하고 있는 우리집 신발장

4.
다 되는 공간 거실

공간은 넓게, 산만하지 않게, 집중력 있게

현재 집으로 이사 오면서 가장 달라진 것은 아이들의 나이이다. 첫째는 초등학생이 되었고 둘째는 6살이 되었다. 큰 장난감은 전부 나눔 등으로 정리를 했고 이제는 아이들도 방에서 지내며 시간을 보내거나 물건을 가지고 거실로 나와도 다시 제자리에 둘 줄 아는 나이가 되었다. 지금은 아이들 방에 책장과 장난감 수납장을 두었고 거실에는 소파와 TV, 온라인 수업을 위한 원형 테이블만 있는 상태다.

　아이들이 어렸을 때는 거실을 완전히 아이들 공간으로 내어주었다면 이제는 가족 모두가 함께할 수 있도록 물건을 최소화해서 가장 미니멀한 공간으로 만들었다. 거실만큼은 최소한의 물건을 두기로 했고 아이들 물

건은 모두 아이 방으로 넣은 것이다. 흔한 선반 하나도 없다. 거실에 포인트를 준 것은 깔끔하고 간결한 느낌의 커튼과 아늑함을 주는 키 큰 스탠드가 전부다.

우리집 거실은 가족 모두가 가장 많은 시간을 공유하는 곳이다. 소파에서는 함께 책을 읽기도 하고, 러그 위에서는 가족 게임을 하고, 주말이면 폭신한 라텍스 매트를 가져와 영화를 보기도 하며, 식구들이 모두 잠든 저녁 시간에는 아빠의 스포츠 관람관이 되고, 가족들이 각자의 자리에서 시간을 보내는 평일 오전에는 엄마만의 조용한 카페가 된다.

누구나 뭘 해도 되는 공간으로 만들기 위해서는 물건이 최소화되는 것이 가장 좋다. 물건이 많으면 시선을 빼앗기게 되는데 우리집은 산만하게 할 만한 물건이 없으니 서로에게 집중할 수 있는 장점이 있다.

거실에 소파와 TV를 두면 아이들이 TV를 많이 보게 되지 않을까 염려하는 사람이 많은데 우리집 아이들은 하루에 한 번 30~40분으로 제한하여 본다. 어렸을 때부터 정해진 규칙이었기 때문에 아이들도 자연스럽게 받아들인다. 그러니 TV 중심의 인테리어라고 해도 TV 중심으로 살지는 않는다.

꼭 필요한 미니멀 가구, 소파!

작은 집에서 살 때에는 거실 공간을 최대로 활용하기 위해 소파 없이 좌식생활을 했었는데 평수를 넓혀 이사를 오면서 제일 먼저 들였던 가구는

4인용 소파였다. 우리 가족은 소파에서 TV를 보는 시간보다 책을 읽는 시간이 더 많다. 평수를 넓혀 이사 오면서 가장 좋은 점 중 하나는 소파에서 아이들에게 책을 읽어 줄 수 있다는 것이다. 만약 다시 평수를 줄여 이사를 가게 된다면 소파를 비우게 되는 일이 걱정일 만큼 만족하는 가구이다.

미니멀 라이프로 산다고 해서 있는 가구를 전부 없앨 필요는 없다. 미니멀 라이프는 큰 가구를 사느냐 비우느냐에 따라 결정되는 것이 아니라 소유하고 있는 물건을 잘 사용하느냐, 가구에 공간을 내어 주어도 아깝지 않느냐에 따라 결정되는 것이니까.

집 안의 교실, 원형 테이블

예상치 못한 재난 상황으로 인해 학교가 문을 닫았다. 온라인수업을 진행하게 되면서 거실은 아이의 교실이 되었다. 언제 정상적으로 학교를 갈지 알 수 없는 상황이었기에 우리집은 원형 테이블을 TV 앞에 놓아 아이가 TV 속 선생님과 눈높이를 맞출 수 있게 해주었다. 아이는 정한 시간에 테이블 앞에 앉아 수학 문제집을 풀다가 수업 시간이 되면 TV를 켜서 선생님과 공부를 하고, 수업이 끝나면 스스로 책을 정리한다.

다른 사람들은 우리 아이들을 보고 "어쩜 애가 저렇게 정리를 잘해요?" "어떻게 애들이 한자리에 저렇게 잘 앉아 있어요?"라며 놀라고는 하지만 아이 스스로 할 수 있도록 환경을 만들어 주고 지켜봐 주고 응원해 주는 것이 중요하다는 생각을 해본다.

관리할 장소 최소화하기

이사를 오면서 소파를 살 계획이었기 때문에 눈높이에 맞지 않는 낮고 낡은 TV장을 처분했다. '수납 공간이 적은 집이니 서랍 같은 공간이 필요하지 않을까?'라고 생각할 수 있지만 나는 기존 TV장을 없애면서 '불필요한 짐이 참 많이도 쌓였구나!'라는 생각을 했다. 분명 TV장을 사게 되면 수납 공간에는 물건이 늘어날 것이고 정리하는 데에 나의 에너지가 사용될 것이다. 수납 공간 보다 정리하면서 쌓이는 스트레스가 클 것 같

은 생각이 들어서 TV는 벽걸이로 선택했고 TV장을 없앴다. 그리고 현재
까지 불편한 점은 없다.

5.
사용하는 물건만 있는 욕실

건식으로 사용 중인 안방 화장실

신혼생활을 시작한 18평 전셋집에서 첫째 아이가 돌쯤 34평대로 이사를 갔을 때, 넓어진 평수만큼 화장실은 하나에서 2개가 되었다. 하나도 청소하기 귀찮은데 2개라니! 결혼 후 첫 내 집 마련을 하면서 다시 반토막난 집으로 이사 갔을 때 좋았던 점은 화장실이 하나라는 점이었을 정도로 나에게 화장실 청소는 스트레스였다.

31평 아파트로 이사 오면서 화장실은 다시 2개가 되었다. 하나 이상 청소하는 것은 무리라고 판단해 남편에게 선택지를 주기로 했다. 화장실을 모두 사용하고 남편과 내가 하나씩 청소를 맡을지, 안방 화장실을 사용하지 않고 남편은 청소를 하지 않을 것인지.

유리 물기를 닦는 스퀴지와 가끔 사용하는 샴푸 정도만 있는 안방 화장실

답은 정해져 있었다. 남편은 거실 화장실만 사용하겠다고 했다.

안방 화장실은 사용 빈도가 낮아서 현재 건식으로 사용하고 있다. 샤워부스가 따로 분리되어있는 구조라 가능하기도 하다. 화장실을 건식으로 사용할 때 좋은 점은 청소도 건식으로 하면 된다는 것이다. 머리카락의 경우 청소기를 돌리고 바닥과 벽은 스팀 청소기로 한 번 쓱 닦으면 깨끗해진다. 건식 화장실은 발 받침이 있으면 사용하기 편리하다. 물론 변기 청소를 할 때는 전체적으로 물청소를 하지만 거실 화장실 청소에 비하면 빈도수는 엄청 낮다.

화장실이 두 개라고 해서 모두 사용해야 하는 것은 아니다. 안방 화장실의 실사용이 줄어드니 수납장은 거의 비어 있어 정리할 필요도 없고

청소 스트레스도 줄었다. 거실 화장실은 물을 사용하기 때문에 습기에 약한 나무 칫솔은 안방 화장실에 보관한다. 안방 화장실에는 여분의 수건 한두 장과 휴지 몇 개가 전부다.

가족 모두가 사용하는 거실 화장실

세안제와 치약 등은 자주 사용하는 제품이기는 하지만 늘 수납장 안에 보관한다. 대리석 선반 위에 물건을 올려두지 않으려는 목적도 있지만 어차피 우리집은 수납장 안에 물건이 적기 때문에 알맞은 크기의 수납함만 있으면 물때 염려 없이 보관할 수 있다. 손이 가장 잘 닿는 곳에 두면 크게 어렵고 귀찮은 일은 아니다.

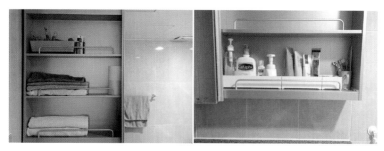

몇 장 되지 않는 수건, 아이들 물놀이 할 때 사용하는 미술용품, 세안제와 치약칫솔 등이 있는 거실 화장실 수납장

늘 깨끗한 화장실 컨디션 유지 비법

나는 '청소파'라기 보다는 '정리파'에 가깝다. 구석구석 쓸고 닦지는 않아도 늘 깔끔하고 정갈하게 집을 정돈하려고 노력한다. 나에게는 편하게 쉴 수 있는 정돈된 공간이 중요하기 때문이다. 정리하지 않고 청소만 한 집과 청소하지 않았으나 정리를 한 집을 생각해 보라. 누가 봐도 정리된 집을 선택하지 않을까? 사실 청소와 정리를 구분한다는 것도 이상하기는 하다. 청소를 하려면 정리가 되어 있어야 편하기 때문이다.

우리집에서 가장 자주 청소하는 공간은 바로 화장실이다. 화장실 청소가 스트레스였던 내가 화장실 청소를 가장 자주 한다니? 물론 위생의 문제 때문도 있지만 화장실 청소를 하지 않을 수 없도록 환경설정을 해

둔 것이다.

나는 아이들이 샤워할 때에 욕조의 마개를 막아서 물을 모아둔다. 아이가 두 명이기 때문에 상당히 많은 양의 물이 받아지는데 그 물은 청소할 때 사용한다. 깨끗한 물을 받아둔 것이 아니기 때문에 아이들을 씻기고 나면 바로 화장실 청소를 해야 하는 것이다. 원래는 버려졌을 물을 모아서 청소하는 것이기 때문에 하기 싫은 것이 아니라 오히려 신이 난다. 그리고 물을 재사용하는 것이기 때문에 마음이 편하다.

6.
마무리가 좋아야 시작이 좋은 주방

시작보다 마감이 중요한 주방

우리는 공부를 하기 위해서 책상 위를 깨끗하게 치우고는 한다. 깔끔한 성격인 친구가 공부를 잘한다기보다는 언제든 공부를 시작할 수 있도록 준비된 책상이 공부를 잘할 수 있게 만들어 주는 것은 아닐까?

우리 주방의 모습은 어떤가? 하루를 마감할 때의 모습을 떠올려 보라. 요리를 하면서 주방이 초토화되는 것은 당연하다. 온갖 크기의 칼과 주방용 가위까지 나오고, 프라이팬에 냄비까지. 음식 재료들 다듬고 나면 싱크대는 난장판이 되고 만다. '조금만 쉬다가 이따 하지 뭐…' '내일 아침에 하자…' 이런 생각이 당연히 떠오른다.

코로나 시대를 살고 있는 엄마들 사이에 '돌밥'이라는 말이 유행이다.

아이들의 등교는 온라인수업으로 대체되면서 가정보육기간이 늘어났고 돌아서면 밥 먹을 시간이고, 또 돌아서면 밥 먹을 시간이다. 일어나서 후다닥 아침 차려 먹었는데 그새 오전수업 끝나고 점심 먹어야 하고, 간식까지 챙겨 먹었더니 곧 저녁 먹을 시간이다. 이런 상황에 주방까지 더럽고 지저분하다면 요리를 하고 싶은 마음이 생길까?

언제든 식사 준비가 가능하도록 다른 어느 곳보다 '마감'을 잘 해보자. 마무리를 잘 해야 한다고 하니 힘들게 느껴질 수 있지만 시작이 편하게 되는 경험을 한다면 결코 힘든 일이 아니다. 어차피 할 일이라면 미리 귀찮음을 선택하자.

조리도구는 2개씩!

미니멀 라이프를 한다고 하면 조리도구도 최소한으로 갖고 살 것 같다고 생각한다. 우리집은 가스레인지 아래 서랍에 조리도구를 넣어두고 있는데 누가 봐도 미니멀리스트를 하는 사람의 주방도구는 아닌 것 같은 양이다. 하지만 잘 살펴보면 불필요한 물건들은 하나도 없고 내가 통제 가능한 수준이다.

미니멀 라이프에 관한 책을 살펴 보면 하나로도 할 수 있는 여러 가지 기능을 이야기하며 조리도구 종류는 최소한으로 가지라고 말한다. 내가 처음부터 미니멀 라이프를 책을 보고 알게 되었다면 '내가 과연 미니멀 라이프를 할 수 있을까?'라는 생각이 들어 미니멀 라이프에 도전할 생각

위 칸에는 2개씩 놓고 자주 사용하는 조리도구를, 아래 칸에는 자주 사용하지는 않는 조리도구를 보관

도 하지 못했을 것 같다.

남편과 나는 김치찌개를 먹고 아이들은 된장국을 먹는데 국자가 하나라면 어떻게 해야 할까? 국을 뜰 때마다 설거지를 해가면서 식사를 차려야 한다고 생각하면 생각만으로도 너무 피곤하다. 다행히도 나는 미니멀리스트에 관한 책을 보지 못했기에 필요한 물건은 다 가지고 살고 있는 '생존 미니멀리스트'가 되었다.

전업주부 10년이 넘어가면서 손에 익은 요리는 휙휙 해내고는 한다. 바쁠 때에는 화구 4개를 모두 사용하여 멀티로 요리를 하기도 하는데 이런 내가 조리도구를 하나씩 가지고 요리하는 것은 비효율적이다. 기름기 묻은 조리도구를 씻어가면서 요리를 하면 물도, 나의 시간도 낭비가 될 뿐이다. 그래서 나는 조리도구는 2개씩 구비해서 사용하고 있다. 우리집은 요리용 젓가락, 국자, 도마는 2개씩 있다. 칼은 세 개, 수저는 10벌짜리 세트를 사용하고 있다.

필요 이상의 물건을 가지고 있으면서 사용하지 않는다면 그것은 에너지를 낭비하는 일이겠지만 '미니멀 라이프는 물건을 한 가지씩만 남기고 살아야 한다!'는 것은 잘못된 개념이라고 생각한다. 잘 사용한다면 그 물건은 나의 편의를 돕고 나의 시간을 줄여주는 고마운 물건들일 것이다.

고마운 물건은 비움이 아니라 잘 사용해야 한다! 미니멀 라이프는 나를 돕는 삶의 방식이다. 미니멀 라이프로 살아야 하기 때문에 내 삶이 오히려 불편함을 감수해야 한다고 한다면 나는 언제든 NO를 외칠 것이다!

냉장고의 변신은 무죄

우리집 냉장고는 결혼하면서 샀던 10년 된 꽃무늬 냉장고이다. 대부분은 이사를 가거나 10년 정도 사용하면 가전·가구를 다 바꾼다고도 하는데 불행인지 다행인지 냉장고 기능은 아주 쌩쌩했다. 이사 오기 전에는 냉장고가 베란다에 있었기 때문에 꽃무늬가 거슬리지 않았는데 이사 후 실내로 들어오면서 유행이 지난 냉장고 꽃무늬가 눈에 거슬렸다.

이사 오기 전에 식탁 위에 깔아두었던 유리가 깨지면서 식탁에 흠이 났던 적이 있었는데 그때 시트지를 붙여서 예쁘게 사용했던 기억이 났다. 나는 냉장고도 시트지 리폼을 하면 예쁘게 변신할 수 있을 거라고 생각해서 시트지를 주문했다.

냉장고에 시트지 붙이는 것은 생각보다 어렵지 않다. 시트지가 두꺼워서 조금만 천천히 붙이기 시작하면 누구나 할 수 있는 작업이다. 나는 냉장고 작동키는 10년 동안 조절해 본 적이 없었기 때문에 과감하게 시트지로 덮어버렸는데 필요한 분들은 작동키 부분을 칼로 잘라내어 작업하면 된다.

작업 시간은 2시간 정도 걸렸고 시트지 주문 가격은 단돈 2만 원이었다. 집에 놀러 온 사람들은 다들 신상 냉장고를 샀다고 생각할 정도로 개과천선했다. 유행이 지난 가전제품에 심폐소생술을 한 느낌이랄까? 우리집의 화이트·우드 분위기와 잘 맞아떨어지니 볼 때마다 기분이 좋아진다.

자주 사용하는 식기를 넣어두는 하부장

우리집은 가스레인지 하부가 12인용 식기세척기를 빌트인할 수 있는 위

치였다. 하지만 나는 식기세척기를 6인용으로 선택하고 이 서랍을 살렸을 정도로 활용도가 높다. 서랍을 빼면 몸을 숙여서 안을 들여다보지 않아도 되기 때문에 이곳에는 손이 잘 가는 물건을 두면 편리하다.

식사 때마다 사용하는 밥그릇, 국그릇, 앞접시, 대접 등은 이 하부장에 전부 보관한다. 이곳저곳을 찾지 않아도 되기 때문에 동선을 줄여주는 장점이 있다.

우리집 상부장

우리집은 상부장이 구역 4개로 나눌 수 있다. 각자 위치에 따라서 역할이 조금씩 다른데 각자 성격에 맞게 물건을 넣어두고 있다.

- 사용 빈도가 낮은 식기를 보관하는 상부장 ❶

식기세척기 위에 있는 상부장은 구석이기도 하고 아래에 식기세척기가 있다 보니 편하게 사용할 수 있는 공간은 아니다. 이런 공간에는 사용 빈도가 낮은 물건을 두면 좋다. 우리집은 파스타볼과 앞접시 등을 두었다. 코렐 앞접시는 사용 빈도가 많지 않지만 손님이 오셨을 때 사용하기 좋고 그릇이 얇고 작아서 보관하는 데 문제가 없기 때문에 보관 중이다.

자주 사용하는 물건은 외부로, 자주 사용하지 않는 물건은 선반 안으로 수납하는 것을 기본으로 하고, 지금 당장은 사용하지 않는 물건도 바로 버리지는 않는다. 시간을 두고 지내다 보면 물건을 비울지 말지 적절한 시기에 알맞은 판단을 할 수 있기 때문이다.

미니멀 라이프는 나를 편하게 하고 나의 에너지를 줄여주는 고마운 삶의 습관이다. 그런데 오로지 깔끔하고 예뻐 보이기를 원해서 나의 불편함을 감수하고 있다면 미니멀 라이프를 꾸준히 지속할 수가 없다. 본인에게 편리한 미니멀 라이프를 찾고 그것을 즐기라고 말하고 싶다.

- 컵을 보관하는 상부장 ❷

컵은 각 종류마다 4개씩 두었다. 미니멀 라이프를 알기 전에는 무조건 세트 구매였다. 긴 유리잔은 6개 세트 제품이었는데 깨지거나 이가 나가 현재 남은 잔은 4개이지만 더 비우거나 늘릴 생각은 없다.

구색이 맞지 않던 머그컵 4개는 비웠고 이제 남은 머그컵은 4개. 컵을 사용할수록 설거지거리는 늘어나고 식기세척기를 자주 돌려야 했다. 이 렇게는 안 되겠다 싶어서 집에서도 텀블러를 사용하기 시작했다. 하루 동 안 텀블러 하나로 사용하고 저녁이 되면 설거지를 했더니 컵 설거지거리 가 많이 나오지도 않고 가족끼리도 개인위생을 지킬 수 있었다.

커피잔은 결혼했을 때 어머니께서 4개 세트로 사주신 것인데 자주 사 용하는 2개는 중간 칸에 두고 나머지는 맨 위 칸에 두었다. 와인잔은 자

현재 사용하고 있는 맨 왼쪽의 컵, 구색이 맞지 않아 비움을 한 머그잔 4개, 집에서 사용하고 있는 맨 오른쪽의 텀블러 2개

주 쓰지는 않지만 아들 생일이 있는 12월에 크리스마스와 연말 파티 겸 사용할 때 꼭 등장하여 우리집 연말 분위기를 책임지는 아이템이다.

집에 손님이 자주 오는 것은 아니지만 아예 오지 않는 것은 아니어서 사용 빈도가 적다고 해서 무조건 비우지는 않는다. 예쁘게 사용할 수 있는 머그잔 4개, 유리잔 4개, 와인잔 4개, 커피잔 4개. 나는 관리하기 편리하고, 손님이 와도 불편함이 없고, 내가 관리할 수 있는 컵은 4개라는 사실까지 알게 되었다!

TIP **컵 보관하기**

손이 닿기 쉬운 곳에는 자주 사용하는 머그잔을 보관하고 손이 닿기 힘든 곳에는 자주 사용하지 않는 컵을 보관하면 좋다. 우리집은 와인잔을 두었다.
커피잔 세트가 4개라고 해도 2세트만 자주 사용한다면 나누어서 보관하는 것도 방법이 될 수 있다.

- 반찬통을 보관하는 상부장 ❸

대부분의 집이 그런 것처럼 우리집은 냉장고에 음식이 많으면 상부장이 비워지고, 냉장고가 비워지면 상부장이 채워진다. 냉장고에 반찬이 많을 때에는 상부장이 비워지는 것이고, 반찬을 많이 먹었을 때에는 반찬통 여유가 생겨서 상부장이 채워지는 것이어서 총량은 같다.

상부장 맨 아래 칸에는 자주 쓰는 반찬통을, 중간에는 소분 용기를,

냉장고가 찼을 때와 비어있을 때의 상부장 ❸의 모습

가장 위에는 사용 빈도가 비교적 낮은 꿀 병, 빈 우유병, 도시락통, 식판 등을 보관하고 있다. 반찬통은 저 공간을 넘지 않는 선으로 조절하고 있는데 냉장고 정리를 위한 소분 용기와 냉동밥을 위한 용기를 산 것을 제외하고는 반찬통을 따로 구매한 적은 없다.

집에는 지금 사용하는 물건만 두어야 하는 것은 아니다. 여분의 물건이 꼭 필요하고, 자주 사용하지는 않아도 언젠가 한 번씩은 사용하는 물건이라면 있어야 한다. 가정에 벌어질 급한 일을 대비해서 비상금을 준비하는 것처럼 물건도 비슷하다. 물론 필요하지 않으면서도 소비심리를 채우려는 욕구나 걱정의 마음으로 물건을 쟁여두지는 않지만 최소한의 여분은 두어야 급할 때 사용이 가능하다. 비움을 위한 비움은 되도록 피하는 편이다.

- 오븐레인지 위의 상부장 ❹

우리집은 냉동 밥을 먹는다. 밥때마다 밥 짓는 수고를 덜어주는 일이라고 생각한다. 밥을 한 번 할 때마다 넉넉하게 해서 밥솥은 자주 사용하지 않기 때문에 오븐레인지 위에 있는 상부장에 넣어 보관한다. 원래 밥솥 자리는 아일랜드 식탁 수납장에 있었지만 없어진 수납장은 아쉽지 않다. 밥솥이 상부장에 들어가면서 좁은 부엌 상판의 활용도는 높아졌고 밥솥이 눈에 보이지 않기에 깔끔하다. 하지만 우리집이 매일 밥솥을 사용한다고 하면 상부장에 넣지 않고 사용할 것 같다. 보기에 깔끔한 것보다는 편리한 것이 먼저니까!

빨간색 전기밥솥은 이유식용으로 구매했던 것이다. 아이들의 이유식이 끝나서 비울까 고민하기도 했는데 우리집은 여기에 감자나 달걀을 쪄 먹기도 하는 등 아직 쓰임이 있어서 버리지 않고 있다. 불 앞에 있어야 할 수고를 덜어주는 고마운 아이템이어서 고장이 날 때까지 유용하게 사용할 것 같다.

이곳에는 가족들 영양제와 상비약 등도 보관한다. 예전에 아일랜드 식탁이 있던 아파트에 살았을 때에는 아일랜드 위에 영양제나 고지서 등 집안 잡동사니가 다 올라가 있었다. 하지만 지금은 아일랜드가 없으니 상부장에 자리를 마련해서 보관하는 중이다. 꺼내기도 편리하고, 눈에 보이지 않으니 집은 깔끔하다.

7.
단정하게 그리고 주인 마음대로 아이들 방

아이들 물건은 아이들 방에

우리집은 남매를 키우고 있어서 시간이 지나면 두 아이의 방은 분리를 해 주어야 한다. 아직은 첫째도 엄마 아빠와 함께 자기 원해서 방 하나 는 아이들 방으로 만들어 주었다. 사실 처음에는 첫째의 방으로 만들어 서 책상과 책장, 그리고 침대를 넣어 주었다. 아이 책상을 따로 살 생각 은 없었기 때문에 기존에 내가 쓰던 어른용 책상을 쓰게 했는데 예상대 로 아이는 그곳에서 공부하지 않았고, 잠자지 않았다. 첫째 아이의 용도 로 만들어 준 방이 역할을 충실히 하지 못했기 때문에 책상은 어른 서재 로 옮겼고, 피아노를 이 방에 넣어 아이들 방으로 역할을 바꾸었다.

　현재 아이들 방에는 책장, 장난감 수납장, 피아노, 매트리스가 있다.

매트리스는 안방으로 옮기기도 하고 아이 방에 두기도 하는 등의 변화를 주고 있다.

아이들 장난감 수납함

수납함이 있으면 정리는 깔끔하게 되지만 큰 가구에 속하기 때문에 한자리 차지하는 것은 어쩔 수 없다. 장난감을 잘 사주지 않는 집인데도 주기적으로 비워내지 않으면 장난감 수납함은 터질 듯이 차오른다. 아이들의 물건이기에 엄마 혼자서 함부로 버리지 않는 대신 사용하지 않는 장난감들을 아이들과 함께 주기적으로 비워낸다.

정리정돈도 습관이다. 지금 사용하는 물건과 사용하지 않는 물건을 분류할 수 있는 것도 능력이다. 엄마가 정리해 줄 수도 있지만 어렸을 때부터 자신의 물건을 관리하고 보관하는 방법을 알려주고 싶었다. 다행히 우리집 아이들은 필요 없는 장난감을 잘 처분하는 편이다. 아이들의 허락이 필요한 작업인데 잘 동의해 주어서 참 고맙다.

총 15칸의 수납함 안에는 블록, 미술놀이 용품, 클레이 인형 등이 담겨 있다. 인형과 가방 등도 이곳에 보관한다. 장난감은 서랍 3개에 들어 있는데 거의 아들이 가지고 있는 자동차 장난감이고 이제 초등학생인 딸아이의 장난감은 거의 없다고 보면 된다. 대신 레고 같은 장난감들이 하나씩 들어오는 중이다. 비어 있는 칸들도 조금씩 생기는 중인데 이제 둘째도 초등학생이 되면 장난감이 들어 있는 수납함도 비워지지 않을까 신나는 상상 중이다.

우리집 맥시멈 = 아이 책장

책 육아를 하기로 하면서 아이들 연령에 맞게 전집을 많이 구매했었다. 첫째 돌쯤 샀던 것들은 이제 아이들 연령에 맞지 않아 전부 나눔을 했고 우리집에 남은 아이들 전집은 사진에 보이는 것이 전부다.

눈을 뜨면 책을 보는 것으로 하루를 시작하는 아이들. 양육수당이 나오는 것은 오로지 아이들 책을 사는 데에 썼다. 우리는 아이들에게 장난감을 많이 사주지 않았기에 책이 장난감이 되었고 나는 그것이 책 육아의 장점이라고 생각한다. 미니멀 라이프를 알았다면 전집 구매는 하지 않았을 수도 있지만 확실한 것은 구매한 책들은 구매한 비용 이상으로 잘 보았다는 것이다. 그래서 미니멀 라이프를 알게 되었어도 아이들 책은 끝까지 비우지 않고 두었다.

첫째가 초등학생이 된 지금은 책을 전집으로 구매하는 대신, 우리집은 매 주말마다 도서관에 간다. 신간도 자주자주 들어오기 때문에 우리는 마음에 드는 책을 1인당 10권씩, 총 40권을 꽉 채워 빌려오기도 한다.

방문을 열었을 때 지저분해 보일 수 있는 책장은 눈에 띄지 않도록 측면으로 배치했고, 연령이 지나면 즉시 처분하거나 나눔을 하고 있는 중

책 비우는 것을 가장 힘들다고 이야기하는 사람도 있는데, 아이들 책의 경우는 연령에 맞지 않는 것을, 어른 책은 다시 보지 않을 책 위주로 비워내면 된다. 나는 도서관 이용과 구매 비율을 7:3 정도로 하고 있는데 책 한 권도 신중하게 고민하고 사기 때문에 구매한 책은 두고두고 볼 것이다. 그리고 아이들 전집은 잘 보고 난 뒤에 필요한 지인들에게 나눔을 하고 저 책장은 나의 책으로 채우는 것이 목표이다.

아이 방이 꼭 필요할까?

아이가 잠자리를 독립한 상황이라면 아이 방은 필요하겠지만 그렇지 않다면 아이 방을 만들어 두어도 잘 활용되지 않는 것 같다. 우리집 아이들 방도 아이들의 물건을 두었다는 뜻이지 아이들은 여전히 거실에서 시간을 많이 보낸다.

아이가 초등학생이 되면 부모 대부분은 책상과 침대부터 사면서 아이 방을 만들어야 한다고 생각한다. 그런데 아이는 자기 책상에서 공부하는 시간이 얼마 되지 않는다. 아이들은 거의 학교와 학원에서 시간을 보내고 저녁이 되어야 집에 오기 때문에 자기 책상에서 공부할 일은 거의 없다. 더군다나 온라인수업을 할 때에는 엄마가 볼 수 있는 거실에서 수업하는 것이 더 좋다. 그래서 우리집은 아직 아이들 책상을 구입하지 않았다. 다만 아이 키에 맞는 의자는 필요하다. 우리집 둘째의 경우는 발 받침 높이 조절이 되는 식탁 의자를 사용하는데 그 의자만 있으면 어떤 테이블이든 자신의 책상이 된다.

물론 엄마의 가치관에 따라 아이 책상을 만들어서 공부 습관을 들여주는 것도 좋다. 하지만 아이가 초등학생이 되었다고, 혹은 이사를 했다는 식의 이유를 들어서 무조건 아이 방을 만들고 아이 물건을 채울 필요는 없다는 말이다. 아이가 혼자 잘 수 있는지, 사 준 책상을 잘 활용할 것인지를 먼저 고민한 후에 결정하면 좋을 것 같다.

우리집 아이들은 책, 장난감, 피아노를 한 방에 두었더니 자신의 물건을 잘 찾아 쓰고 정리할 줄 안다. 나는 이것으로 충분하다고 생각한다. 책상에서 하는 공부가 전부는 아닐 것이다. 아이 방은 아이 스스로 자신의 물건을 관리하는 장소여야 한다. 아이들은 장난감과 책, 그것을 보관할 수 있도록 도와주는 책장과 수납함 등을 통해 주기적으로 자신의 물건을 정리한다.

정리를 배우는 것은 소유와 비움을 알았을 때 가능하다. 자신의 물건과 공간은 스스로 책임져야 한다는 것을 아는 것. 이 또한 삶 속에 귀한 배움이 될 것이다.

8.
리조트처럼 간결한 안방

리조트 같은 편안함

많은 사람이 화이트 침구가 가지런히 놓여 있는 호텔을 좋아한다. 우리 집 전체가 여행지의 숙소 같을 수는 없겠지만 잠자는 공간 한 곳 정도는 그렇게 할 수 있지 않을까? 예쁜 소품과 액자가 없어도 빈방 자체가 주는 깨끗하고 간결한 느낌, 그 간결함 속에서 우리 가족은 서로에게 더 집중할 수 있게 된다.

우리집은 리조트와 같은 편안함을 주고 싶어서 무늬 없는 하얀 시트와 이불을 두었고 포인트가 될 수 있도록 조명을 하나씩 둔 것이 전부다. 필요한 물건만 남긴 나는 이제 더이상 예쁜 쓰레기는 사지 않는다.

화이트 침구를 고르는 이유

침구는 세트로 사면 조금 저렴할 수 있지만 이불에 비해 면 패드의 질이 떨어지는 경우가 많아서 꼭 필요한 기본 아이템은 내 마음에 드는 심플한 디자인으로 준비하고, 면 패드는 좋아하는 브랜드 세일 기간에 따로 구매해서 사용하는 중이다.

아파트는 단열이 잘 되어서 우리집은 한겨울에도 두꺼운 이불은 잘 사용하지 않는다. 그래서 사계절용과 여름용 이불을 구입해서 사용 중이고 면 패드는 자주 빨아서 써야 하기에 3개로 돌려서 쓰는 중이다. 우리 집에는 여분의 이불은 없다. 친정 부모님은 가까이 사시고, 시부모님은 결혼 후 한 번도 우리집에서 주무시고 간 적이 없으며, 친구 모임은 리조트나 호텔에서 하기 때문에 손님용 이불이 아쉬운 적은 없다.

　매트리스 커버, 면 패드, 이불 모두 각각 구매했지만 세트처럼 어울릴 수 있는 이유는 모두 색을 통일했기 때문이다. 내가 구매한 침구는 모두 화이트 아니면 오트밀 색상의 무늬가 없는 것들이다. 흰색 종류의 침구가 매력적인 이유는 어떤 가구와도 어울린다는 점이다. 인테리어를 잘 알지 못할수록 화이트 계열로 하는 것이 진리다!

모든 옷은 안방으로

안방에는 작은 드레스룸과 붙박이 화장대가 있고 가구는 매트리스와 흰

색 서랍장 2개가 전부이다. 아이들이 아직 잠자리 독립을 하지 않았기 때문에 의류 또한 각 방으로 분산할 필요가 없어서 안방은 잠자는 용도와 함께 옷방이 되었다. 어른 옷은 드레스룸과 3단 서랍장에, 아이들 옷은 5단 서랍장에 있다. 안방 베란다에는 의류 건조기가 있어 건조된 옷들은 안방에서 개켜서 바로 옷장으로 넣어 정리한다. 동선이 줄어들면 살림은 훨씬 편해진다. 세탁기에서 나온 빨래를 바로 건조기로 넣을 수 있게 직렬 설치하는 것 또한 동선을 줄이기 위한 배치이지만 현재 내가 사용하는 세탁기는 통돌이여서 직렬 설치는 불가능하다. 그래서 건조기를 안방 베란다에 두었고 세탁물을 건조기까지 가지고 오는 동선은 길지만 대신 건조된 옷들을 바로 정리해 놓을 수 있게 되었다. 차후 통돌이

세탁기 수명이 다하면 드럼 세탁기로 바꾸어 건조기와 직렬 설치를 할 예정이다.

소유하고 있는 물건을 잘 사용하는 것은 미니멀 라이프의 긍정 효과라고 생각한다. 미니멀 라이프가 아니었다면 아마 나는 새 아파트로 이사 오면서 가구도 새 것으로 전부 바꿨을지도 모른다.

키와 사용 빈도에 맞춘 서랍장

우리집은 아이들 키 순서에 맞추어 옷을 보관한다. 5단 서랍장 맨 아래 칸은 아이들 속옷과 양말, 면 마스크 등이 담겨 있고 그 위 칸은 키가 작은 둘째의 외출복, 아이들 손이 잘 닿는 가운데 칸은 아이들 실내복, 위에서 두 번째는 키가 큰 첫째의 외출복, 맨 위 칸은 사용 빈도가 적은 옷, 모자, 카디건 등이 들어 있다.

3단 서랍장 왼쪽은 나의 옷을, 오른쪽은 남편의 옷을 보관하는데 맨 위쪽은 속옷과 양말을 넣어 두었고 중간 칸은 자주 입는 옷, 맨 아래 칸은 사용 빈도가 낮은 옷들을 넣어서 사용 중이다.

화장품 미니멀

안방 화장실 옆에는 화장대가 있다. 화장대 위에는 스킨, 로션, 선크림을

머리핀, 로션과 선크림, 드라이기 등이 들어 있는 화장대

두었고 화장대 왼쪽 서랍에는 아이 머리 고무줄과 귀걸이 등의 금속류
를, 오른쪽 서랍에는 색조화장품을 보관 중이다.

　나는 화학 전공자여서 화학제품을 사용하는 것에 예민하다. 모든 것
을 다 알고 사용할 수도 없는 노릇이고, 그렇다고 다 믿고 사용하기에는
심리적 부담이 있었다. 화장품도 마찬가지여서 최소한의 화장품을 쓰자
는 것으로 나만의 기준을 세웠다. 기초화장은 스킨과 로션, 그리고 선크
림 정도만 사용하는 데도 큰 문제는 없다. 아이들 자외선 차단제도 사면
거의 새것인 상태로 버리기 일쑤여서 이제는 아이들도 함께 사용할 수

있는 성분이 순한 자외선 차단제를 하나 사서 온가족이 사용한다. 색조 화장품도 최소한으로 한가지씩, 립스틱만 3개 가지고 있는 것이 전부다. 하나를 다 사용해야 새로운 것을 사기 때문에 화장품은 1년에 몇 번 구매하지 않는다. 이렇게 집콕 시기가 길어지면 다 써서 버리는 것이 아니라 유통기한이 지나서 버리는 것이 많아질 것 같다.

좁은 드레스룸 최대치로 활용하기

이사 오기 전에는 12자짜리 장롱을 사용했는데 옷을 걸 수 있는 봉은 몇 개 되지 않았다. 장롱이 아무리 크다고 해도 내부 수납 공간이 중요했는데 그것을 미처 몰랐던 나는 디자인만 보고 결정했었고 결국 수납이 많이 되지 않아 불편했던 기억이 있다. 결국 이사를 오면서 큰 장롱은 비움을 했다. 현재 안방에는 작지만 수납하기 좋은 드레스룸이 있는데 거기에 나와 남편이 입는 옷을 옷걸이에 걸어 두었다.

　나는 나의 옷이 적지 않다고 생각했는데 책을 쓰면서 옷을 세어보았더니 계절 옷으로 보관하고 있는 옷과 홈웨어까지 다해서 60벌 내외였다. 그중에서도 이제는 비워야 할 오래된 홈웨어 몇 벌과 잘 입지 않는 여름 티셔츠 몇 장을 비우면 50벌도 채 남지 않을 것 같다. 물건의 개수는 중요하지 않다고 생각한 나는 그동안 물건 개수를 세어보지 않았는데 책을 쓰면서 알게 된 나의 옷 개수를 보고는 적잖이 놀랐다. 겨울 코트와 패딩까지 전부 다 합쳐도 50벌 내외라니! 비움보다 더 느린 채움의 결과

롱코트와 잠바, 아내 상의, 남편 상의, 아내와 남편의 하의, 비어 있는 넥타이 보관함, 비어 있는 수납장에 보관한 옷걸이 등이 있는 드레스룸

라고 생각한다.

남편과 나는 더이상 "만원밖에 안 해! 정말 싸지?"라며 옷을 사지 않는다. 저렴한 옷을 사는 것은 즐거움이 아니라는 것을 알았기 때문이다. 생각해보니 작년 1년 동안 옷을 사지 않은 것 같다. 옷을 사지 않는 데에 각오 따위는 필요하지 않았다. '코로나 시절에도 좋은 점 하나쯤은 있었구나 싶다'라고 생각할 뿐이다.

우리집 대피공간은 계절 옷 보관 중

모든 옷을 다 옷걸이에 걸어 두고 옷 정리를 하지 않는 것이 바람이기는 하다. 하지만 그러기에는 드레스룸이 좁아서 1년에 두 차례 계절 옷 정리를 하는데 겨울에는 한여름 옷을, 여름에는 한겨울용 옷을 정리해서 플라스틱 서랍장에 보관하고 있다. 혹시나 곰팡이가 생길 것이 염려된다면 제습기를 이용하는 것도 한 방법이다. 물 먹는 하마 같은 일회용 제습제는 자주 갈아줘야 하는 번거로움도 있고 쓰레기가 계속 발생되기에 나는 주기적으로 제습기를 틀어놓는 것으로 관리하고 있다. 물론 가장 좋은 방법은 자주 환기하는 것이다.

플라스틱 서랍장은 아이들이 어렸을 때 사용하던 것인데 서랍장이 완벽하게 분리되어서 유용하다. 리빙박스는 개수가 계속 늘어날 가능성이 크지만 서랍장은 한계치가 있어서 수납장을 벗어나지 않을 정도의 옷만 소유하게 되는 장점도 있다.

다만 수영복과 튜브 등 물놀이용품은 겨울에도 사용할 때가 있어서 이것은 드레스룸 맨 위 칸에 리빙박스를 이용해서 보관하고 있다.

사실 대피공간은 위급한 상황이 생겼을 때를 대비해서 비워두어야 하는 곳이다. 우리집은 신발장 빈 공간에 물건을 보관하기 때문에 대피 공간에 물건을 쌓아두는 것은 아니지만 계절 옷을 보관하는 플라스틱 서랍장과 선반 하나는 어쩔 도리가 없었다. 그래서 서랍장 등을 넣은 후 우리네 식구가 들어갈 수 있는 자리가 있는지 확인을 했다.

나의 최종 목표는 선반과 계절 옷 수납장을 전부 없애도 될 정도로 옷을 줄여나가는 것이다.

9.
엄마의 꿈이 자라는 홈 오피스

엄마의 홈 오피스 탄생

이사를 왔을 때 현관 입구에 있는 방은 용도가 없었다. 어른용 책장과 피아노를 두고 남편이 온라인수업을 준비하는 용도로 사용했었는데 책상이 딸아이 방에 있었기 때문에 남편은 바닥에 교과서를 펴고 삼각대를 이용해서 영상을 찍고는 했었다. 온라인수업이 늘어나면서 남편은 영상수업을 자주 찍게 되었고 그 방을 남편의 공간으로 만들어 주기 위해서 원형 테이블을 구입했다. 그리고 아이들이 어릴 때 사용했던 보드에 칠판 시트지를 붙여서 칠판도 만들어 주었다. 그런데 곧 개학이 결정되어 남편은 출근을 하게 되면서 방은 용도를 잃은 것이다.

그 사이 원형 테이블은 첫째 온라인수업에 사용하면서 거실로 나왔

남편의 온라인수업을 위해 원형 테이블을 두었던 입구 방의 예전 모습

고, 나는 일인 기업의 대표가 되면서 일이 늘어나기 시작했다. 아이들 방은 아이들 물건이 들어 있고, 거실에서는 방송 수업을 편하게 듣게 되었으며, 일하는 엄마 포지션을 지니게 된 나는 자연스럽게 홈 오피스를 갖게 되었다.

나만의 공간이 주는 의미

방마다 역할을 부여해서 이름을 정하는 것이 필요하다. 나는 이 방에 책상 하나 가져다 둔 것이 전부이지만 여기는 '엄마의 사무실'이라고 말해 주었다. 남편이 아이들에게 "엄마 어디 있어?"라고 물으면 아이들은 "엄마 사무실에!"라고 대답한다. 엄마 사무실이라니, 정말 멋지지 않은가?

거실 원목 테이블 하나가 나만의 공간이었던 홈 오피스 없던 시절

집에서 일하는 엄마를 위해 용도 변경을 한 홈 오피스

자리가 사람을 만든다는 말도 있듯이, 나의 사무실을 만들고 나니 업무 효율도 높아지고 집에서 일하는 엄마이지만 집안일과 사업적인 일이 명확하게 구분되기 시작했다. 또 집안일 하는 시간과 일하는 시간의 분리도 저절로 따라왔다. 이렇게 공간이 주는 힘은 크다!

집에 남는 방 하나를 창고 방으로 만들지 말고 하나하나 분명한 역할을 주어 보라. 역할을 주고 이름을 불러주면 마법이 일어난다! 굳이 방하나 전부가 아니어도 된다. 거실 한 편이라도 나만의 공간을 만들어 보자! 엄마의 사무실이라고 이름 붙인 순간부터 아이들에게는 엄마의 공간이라는 사실이 인지되고 엄마의 공간은 함부로 어지르면 안 된다는 것을 안다. 그렇게 자신의 공간을 만들어 가는 것이다.

책상 배치는 문을 바라보게

공부방에 책상을 놓을 때는 문과 등지게 두면 좋지 않다는 말을 들었다. 책상에 앉아 공부를 하고 있을 때 누가 들어오면 목을 많이 돌려야 하기 때문이다. 문 측면에 벽을 바라보도록 책상을 두면 가장 좋다고 하는데, 나의 경우 아이들이 자주 드나들기 때문에 업무를 하다 고개만 들면 볼수 있도록 문을 바라보는 배치가 훨씬 편했다. 더욱 좋은 점은 정말 사무실 분위기를 낼 수 있다는 것이다. 덕분에 업무 효율이 올라갔다.

공간에 여유가 있다면 어른 서재의 경우 책상이 문을 바라보도록 배치하는 것도 한 방법일 것 같다. 나는 계절에 따라, 혹은 내 기분에 따라

가구 재배치를 즐겨하는 편인데 봄이 다가오면 파란 하늘과 예쁜 꽃을 보기 위해 창문 쪽을 바라보게 책상을 배치해 볼까 생각 중이다.

도서관 대여 책을 두는 공간

우리 가족은 매주 일요일 예배 후에 근처 도서관에 들러 책을 빌려온다. 처음에는 대여 책을 두는 공간이 없어서 아이들 책장과 어른 책장에 각자가 빌려온 책을 꽂아두었는데 반납할 때가 되면 본의 아니게 꼭 한두 권씩 빼먹게 되어서 대출 정지를 받기도 했었다.

사무실 방에는 붙박이장이 있는데 책을 꽂을 수 있는 공간이 4개가 있다. 그중 한 칸에는 도서관에서 빌려온 책을 꽂아두기 시작했는데 이

도서관에서 빌려온 책들을 보관하는 책꽂이

후로는 반납할 때에 책이 어디 있는지 허둥대며 찾지 않아도 되는 편리한 장소가 되었다. 이렇게 목적이 정해진 장소를 만들어 두면 식구들이 잊고 헤매는 물건은 줄어들기 마련이다.

필요한 곳에 물건 두기

이사 오면서 장롱을 버릴 수 있었던 이유는 현관 입구 방에 붙박이장 덕분이었다. 하지만 아무리 이불을 최소화한다고 해도 계절별 이불과 면패드 등이 있어서 이불장은 꼭 필요했다. 우리집은 세탁소에서 주는 옷걸이 3개를 합쳐서 이불을 걸고 있다. 이불용 옷걸이를 판매하기는 하지

차곡차곡 쌓아 두었다가 아래의 이불을 꺼내기 힘들어서 현재는 옷걸이에 걸어서 사용 중인
이불과 아이들 외투가 들어 있는 홈 오피스 붙박이장

만 대체용이 있으니 구입은 하지 않았다. 이불은 아무리 잘 개어도 하나
씩 꺼내 쓸 때에 아래쪽 이불은 꺼내기 불편한데 이렇게 옷걸이에 걸어
두면 하나씩 꺼내 쓸 때에 불편함이 없다.

운동복은 홈 오피스에!

운동을 별로 좋아하지 않는 나는 걷기로 체력관리를 한다. 겨울이 되기
전에는 새벽 6시 반이 되면 걸으러 나갔었는데 안방은 가족 모두가 자고

있기 때문에 운동복을 꺼내 입기 조심스러웠다. 그래서 사무실에 운동복을 준비해 두었더니 나가기 싫은 날도 귀찮음을 이기고 나갈 수 있게 되었다.

사무실에 있는 붙박이장 위 칸은 이불, 아래 칸은 아이들 외투, 서랍장은 칠판용품, 맨 아래 수납장에는 나의 운동복 차지가 되었다. 엄마에게는 많은 역할이 존재할 수밖에 없다. 엄마로서, 아내로서, 워킹맘으로서 많은 일을 감당하려면 체력도 따라 주어야 한다. 나는 건강한 심신을 위해 운동복을 준비하는 엄마가 되기로 한다.

10.
우리집 수납의 숨은 공신

건조기가 있는 안방 베란다

어르신들은 장독대를 둘 자리도 없고 화분을 키우기도 불편한 확장형 아파트를 불편하다고 하셨다. 창고 역할을 하던 베란다를 대신해 실내 공간에는 팬트리가 생겨났지만 공간이 좁아서 물건을 많이 넣기에는 불편한 것이 사실이다.

팬트리도 없는 우리집 유일한 창고 공간은 안방 베란다 하나다. 천장에는 빨래건조대가 있고 밑에는 의류 건조기를 두었는데 빨래건조대는 크기가 작지만 건조기가 있기 때문에 큰 불편함 없이 지내고 있다. 만약 통돌이 세탁기가 아니었다면 건조기는 세탁실에 직렬로 설치해서 앞 베란다는 비어 있었을 것이다.

건조기 위에는 '먼지통'을 두었다. 쓰레기통 관리가 싫어서 재활용 봉지를 걸어서 사용하는 사람인데 굳이 먼지통을 가져다 놓은 이유는 자주 비워주어야 하는 건조기의 먼지들을 부엌까지 버리러 가는 것이 비효율적이었기 때문이다.

살림은 단 한 가지의 기준에 정답처럼 맞추어지지 않는다. 내가 해보다가 더 편리한 방식을 도입하면 된다. 건조기의 먼지만큼은 바로바로 비울 수 있도록 먼지통을 사용한다.

청소기 부품도 주기적으로 청소해주는 것이 좋은데 나는 청소도구를 씻어 말릴 때 건조기 위를 이용한다. 따로 공간을 마련하지 않아도 눈에 잘 띄지 않고, 놀고 있는 공간을 활용하면 좋다.

활용도 만점의 넓은 세탁실

우리집은 평수에 비해 세탁실이 넓다. 이 공간이 아니었다면 김치냉장고는 둘 자리가 없었을 텐데 참 다행이다. 세탁실에는 통돌이 세탁기, 김치냉장고, 세탁 바구니가 있다.

2단짜리 세탁 바구니 1단에는 외출복을, 2단에는 속옷과 실내복을 넣는다. 검은색이나 진한 색 옷은 처음 구매해서 세탁할 때 손으로 애벌빨래를 한 후 단독으로 돌리고 이후에는 외출복과 함께 돌린다. 하얀색 옷은 속옷과 실내복을 돌릴 때 함께 넣는다.

겨울에는 실내가 많이 건조하기 때문에 늦은 오후에 세탁기를 돌린 후 안방 건조대에 빨래를 널어둔다. 우리집은 세탁 세제를 사용하지 않고 숩베리라고도 불리는 소프넛을 이용해서 세탁하기 때문에 빨래가 마를 때 휘발하는 화학성분 걱정을 안 해도 되기 때문이다. 결혼하고 7년 동안 에어워셔를 사용했었는데 관리하는 것이 무척 불편했다. 더군다나 올해 고장이 나서 나는 저녁 시간에 빨래를 너는 것으로 가습을 유지하고 있는데 생각보다 만족스럽다.

세탁실에는 틈새 수납장이 하나 있는데 사용한 지 8년이 되었다. 이사를 하게 되면 그 집에 맞는 제품을 사게 되는 경우가 많은데 이 틈새 수납장은 어느 집이든 다 잘 사용하게 되는 제품이다! 이전 집에서는 부엌 양념 선반으로, 이사를 와서는 세탁 세제 등을 두는 용도로 쓰고 있다. 이렇게 거슬리지 않고 어디서든 잘 사용할 수 있는 제품은 두고두고 고맙다.

김치냉장고와 통돌이 세탁기, 김치 냉장고 옆 틈새 수납장, 세탁기 맞은 편 벽에 있는 선반과 철제 빨래 바구니

계절과 상황에 맞게 사용하는 실외기실

팬트리가 없어서 가장 난감했던 것은 딱 하나, 선풍기 보관이었다! 고민하다가 실외기실에 보관하고 있는데 여름에 에어컨을 쓸 때에만 실외기가 돌아가기 때문에 실외기실에 선풍기를 보관하는 것은 문제가 없다! 실제로 보관해보니 깔끔하고, 편리하고, 너무나 만족스러운 위치다. 우리집 선풍기는 여름이 끝나면 나사를 풀어 날개 등의 부품을 씻은 뒤 건조 후 다시 조립한다. 그리고 집에 있는 남는 더스트백 같은 것으로 선풍기 머리를 감싸고 더스트백의 줄과 선풍기 전선을 함께 묶어준다. 이렇게 목욕재개를 마친 선풍기는 실외기실에 두면 다음 해 여름에 꺼내어 바로 쓸 수 있다.

우리집은 분리배출 용 플라스틱 함도 실외기실에 두고 있다. 분리 배출 용기를 여러 개로 구분하면 깔끔하고 좋을 것 같지만, 실제로 보관 장

소가 많아지는 것은 물론이고 관리해야 하는 물건이 더 늘어날 뿐이다. 게다가 쓰다 보면 더러워지고, 개수가 많으면 귀찮아져서 결국 돈 주고 산 분리배출함이 곧 쓰레기가 되는 경우가 많다.

나의 모든 살림 원칙은 '번거롭지 않게!'가 가장 중요한데 제일 좋은 분리배출 방법은 분리배출할 물건이 적게 나오는 것, 혹은 자주 비우는 것이다. 분홍색 플라스틱 바구니는 7년 전에 누군가 분리수거장에 버린 것인데 우리집에서 쓰면 좋겠다 싶어서 가지고 왔다. 우리집은 종이류는 택배 박스나 쇼핑백에, 종이류 외 모든 분리배출 제품은 분홍 바구니에 넣는다. 분리수거장에 가서 유리와 캔 종류부터 가려서 배출하고 나머지는 한꺼번에 플라스틱으로 부어서 배출한 후 집에 와서 물을 뿌려 헹구면 끝이다!

2부

집안일 쉽게 하는
나만의
살림 루틴

1.
비움에 관한 나만의 생존 미니멀

천천히, 그리고 확실하게 비우기

각자가 처한 상황에 따라 미니멀 라이프는 모두 다르게 다가올 것이다. 시작하게 된 동기도, 처한 상황도, 가족 구성원과 집의 평수도 다 다르기에 개인마다 추구하는 미니멀의 모습은 다를 수밖에 없다.

나는 처음부터 비움을 위한 비움을 한 것이 아니다. 그래서 빠르게 비워서 깨끗한 집을 만드는 미니멀 라이프를 한 것은 아니지만 결국 미니멀 라이프에 '비움'은 필수다. 모든 물건을 떠안고 미니멀 라이프라고 할 수는 없다. 많이 비우나 적게 비우나, 빠르게 비우나 천천히 비우나 결국은 비움이라는 말이다.

나는 조금씩, 그리고 천천히 비웠다. 그렇게 꾸준하게 비워내면서 미

TIP | 비움 단계

초급 | 유통기한이 지난 물건들을 버린다!

식품의 경우 유통기한이 지나도 일정 기간 동안은 안전하게 먹을 수 있다. 하지만 복원이 불가할 정도로 상했거나 취식이 가능하지 않은 상태가 된 것들도 집 안 곳곳에 있을 수 있다. 몇 년이 지나버린 소스, 유통기한을 확인할 수조차 없는 냉동실 안의 검은 봉지들, 개봉하고 시간이 많이 흐른 음료 들만 비워도 한결 가벼워진다.

또한 유효기간이 지난 샴푸나 바디워시, 치약 등은 그냥 버리는 것이 아니라 욕실 청소용으로 사용하면 좋다!

중급 | 사용하지 않는 물건을 비운다!

쓸 만하지만 나는 사용하지 않는 물건은 중고로 팔거나 나눔을 하는 것이 좋다. 내가 사용하지 않는다고 쓰레기로 버리는 것보다는 지구에도 참 귀한 일이 될 것이다.

일회용품 같은 경우는 처음부터 받지 않는 것이 좋지만 그렇지 못한 경우 생긴 일회용품은 바로바로 분리배출하거나 판매처에 가져다 주면 된다. 지금 버리나 나중에 버리나 환경오염은 매한가지다. 쌓이지 않도록 관리를 하면 무심코 일회용품을 받아오는 일 또한 줄어들게 된다.

고급 | 꼭 필요한 물건만 들인다!

초급과 중급 단계만 거쳐도 이제 물건을 들이는 일에 신중해진다. 이 단계에 들어서면 이제 우리는 더이상 물건으로 점령당할 일은 없다. 정리 컨설팅을 받고도 몇 달이 지나면 똑같아진다는 것은 나에게 유지하는 힘이 없다는 것을 의미한다. 미니멀 라이프를 알고 한꺼번에 비움을 할 수는 있지만 얼마 지나지 않아 또다시 물건으로 가득하다면 고급 단계까지 오지 않았을 확률이 크다.

"아끼는 것만으로는 한계가 있다. 더 벌기가 필요하다!"

재테크에 관심 있는 사람이라면 들어봤을 이 말을 미니멀 라이프에 비유해 보자면, "비움만으로는 한계가 있다. 덜 채움이 필요하다!"라고 할 수 있지 않을까. 진짜 미니멀 라이프는 채우는 속도가 느려질 때 비로소 완성된다.

급한 비움 대신 느린 채움을 권한다.

니멀 라이프 4년 차가 되니 어느새 가벼운 삶이 되었다. 극강의 미니멀리스트의 집처럼 빈 방도 없고 물건이 꼭 하나씩만 있는 것도 아니지만 우리집은 자연스럽게 빈 벽과 빈 공간이 생겨났다. 이것이 나만의 생존 미니멀이다.

미니멀 라이프를 알기 전에는 계절옷 정리를 한 번 하자면 하루종일 시간을 빼앗기고는 했다. 그 많은 옷을 다 입지도 않으면서 계절마다 정리하는 데에 시간을 쏟았다. 이제 미니멀 라이프 4년 차. 며칠 전 겨울옷을 넣고 봄·여름 옷까지 전부 정리하는 데에 30분이 걸리지 않았다. 조금씩, 천천히 그리고 꾸준하게 미니멀 라이프를 했더니 이제 불필요한 물건은 점차 비워졌고 늘 부족한 것 같던 나의 시간은 많이 채워졌다.

아침 루틴, 등원 전 청소 끝내기

로봇 청소기가 없었을 때에는 아침과 저녁에 한 번씩 밀대를 밀며 청

소를 했다. 하루에 두 번이나 쓸어내는데도 어쩜 그렇게 먼지들이 많은 지… 어질러진 물건과 먼지를 한꺼번에 한 장소로 모은 후 물건을 정리해내고 모인 먼지를 쓸어 담는 이 일은, 할 때는 별것 아니라고 생각했었는데 지금은 로봇 청소기가 이 일을 대신 해 주니 얼마나 여유가 생겼는지! 이제는 저절로 입꼬리가 올라간다.

등교 준비는 스스로, 행거와 옷걸이 활용

주부인 나는 다음 날 아침 루틴을 위해서 저녁 마감을 하는데, 나는 이것을 두고 '어제의 내가 오늘의 나를 돕는다'라고 말하고는 한다. 중요한 것은 '아이들도 함께!'가 나의 신조이다.

나는 공부가 아니라 아이들의 생활 습관을 가이드하는 데 열심이다. 기본적인 것은, 다음 날 아침에 등교가 수월할 수 있도록 저녁이면 다음 날 입을 옷을 스스로 챙기게 하는 것이다.

이벤트 상품으로 당첨되어 받은 예쁘고 깔끔한 느낌의 행거는 아이들, 특히 딸아이가 내일 아침을 준비하는 좋은 습관을 만드는 데에 큰 도움을 주는 고마운 제품이다.

아이들 방문 뒤쪽에는 접이식 옷걸이를 두어서 아이들과 내가 자주 사용하는 가방을 걸어두었고 사용 빈도가 낮은 가방들은 안방 붙박이 화장대 빈 수납칸에 두었다. 1년에 몇 번이라도 사용한다면 그것은 나에게 필요한 물건이기 때문에 버리지 않는데, 다만 자주 사용하지 않는 물건을

다음 날 학교에 입고 갈 옷과 정리한 가방을 걸어 두고, 아침에는 입고 있던 내복을 벗어서 걸어 두고 나가는 용도로 사용 중인 행거

자주 사용하는 가방은 벽에 거는 옷걸이에 걸어 두고, 사용 빈도가 낮은 여분의 책가방, 핸드백, 여행용 보조가방 2개는 안방 화장대 빈 공간에 보관 중

자주 사용하는 물건과 함께 두게 되면 공간은 산만해지고 사용하기도 불편하다. 사용 빈도가 적은 물건은 따로 보관할 수 있는 적당한 장소를 찾으면 깔끔하게 생활할 수 있다.

아이들 물건은 손이 잘 닿는 위치에

아이가 정리정돈을 잘하는 습관을 갖기 원한다면 먼저 알맞은 위치에 아이들의 공간을 내어주어야 한다. 나는 현관 앞 수납장의 가장 아래 칸은 아이들이 자주 사용하는 색연필과 크레파스 등을 넣어둘 수 있는 자리로 정해주었고, 여분의 미술용품도 신발장 안에 보관하고 있다. 아이들은

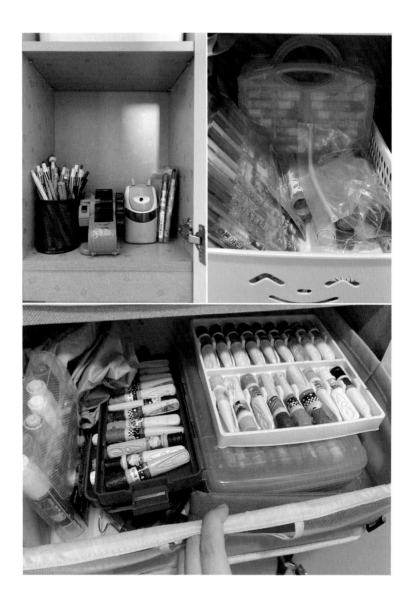

그림을 그리고 싶거나 사용할 물건이 있을 때면 언제든지 가져오고 사용한 후에는 스스로 정리하고 있다.

내 아이가 정리하는 것을 어려워한다면 물건의 위치를 정해주었는지, 그 자리가 아이 눈높이에 맞는지, 사용하기 편한 위치인지 등을 확인할 필요가 있다.

2.
주방 살림 루틴

위생과 직결된 주방 정리

정리정돈이 물건의 위치를 정해주는 일이라면 청소는 물건의 위생에 관한 문제이다. 주방은 내가 화장실 다음으로 청소에 공을 들이는 공간이

다. 화장실과 주방은 위생과 직결되기 때문에 청소에 더 열심을 내야 한다고 생각한다. 하지만 청소를 하는 사람의 몸과 마음이 편해야 끝까지 지속할 수 있다.

> **TIP** **깔끔한 주방을 유지하는 법**
>
> 1. 식사 후 바로 치운다.
> 2. 요리 중이어도 간단한 설거지는 바로 한다.
> 3. 고무장갑과 행주 자리 등 물건의 지정 자리을 정한다.
> 4. 매일 저녁 루틴으로 5분 주방 정리를 한다. 매일 저녁 가스레인지를 행주로 닦아주면 2주에 한 번 정도만 청소해도 늘 깨끗하게 유지할 수 있다.
> 5. 마른 식기는 얼른 자기 자리로 옮겨서 식기세척기와 식기 건조대는 바로바로 정리한다.

종류별로 보관한 주방 양념

요리할 때 사용하는 양념은 가스레인지 아래에 있는 세로 서랍 2개에 나누어 보관한다. 양념은 액체와 가루로 구분해서 보관하면 요리하기가 훨씬 쉬워진다. 왼쪽 서랍에는 액체 종류로 오일, 참기름, 간장, 요리술, 오른쪽 서랍에는 가루 종류로 설탕, 소금, 깨소금, 후추 등이 있다.

냉장 보관해야 하는 소스들은 냉장고 문짝에 두고, 양념 병은 혹시나 샐 것을 대비해서 오염방지 깔개를 깔아 두는 것도 좋다. 자주 바꿔주는 것이니 이면지나 신문지 등을 사용해도 무방하다.

자연 환기가 가능한 주방 창

우리집의 주방 창은 크기가 큰 편이다. 남서향을 바라보고 있어서 오후부터 해가 질 때까지 햇살이 길게 드리운다. 주방 창에 블라인드를 거는경우가 많은데 나는 기름때를 감당할 자신이 없어서 블라인드나 커튼을달지 않았다. 우리집 주방 창은 크기가 커서 계절이 변하는 아름다운 자연의 모습을 볼 수 있는 액자 역할을 해 주고 있다. 주방의 큰 창은 살림

자연 환기가 가능한 이중으로 되어 있고, 사시사철 액자 역할을 해 주고 있는 주방 창

하는 주부의 작은 기쁨이다.

게다가 이중창이어서 비가 오거나 바람이 심하게 부는 날도 자연스럽게 환기할 수 있다는 장점이 있다. 오른쪽은 내부 창을, 왼쪽은 바깥 창을 조금씩 열어 주면 바람이 쌩쌩 부는 날에도 외부 공기가 자연스럽게 순환되는 것을 알 수 있다.

주방용품 등을 보관하는 하부장

평수에 비해 좁게 빠진 부엌이라 주방 수납 공간도 그리 넉넉한 편이 아니다. 가스레인지 아래에 있는 서랍과 싱크볼 아래의 장을 빼면 딱 세 칸이 남는데 코너에 있는 안쪽으로 깊은 장은 크기가 큰 솥과 냄비를 보관

하부장 두 군데에 나눠서 보관하고 있는 냄비와 채반, 유리병

무빙 수납함에 보관 중인 무쇠 팬과 비닐봉투를 담아 놓은 플라스틱 보관함

하는 데에 사용한다.

우리집에서 주로 사용하는 냄비는 스테인리스 냄비 세트 5개다. 그리고 아이 이유식용으로 사용했던 편수 냄비, 파스타를 삶거나 만두를 찌는 용도의 냄비를 여분으로 가지고 있다. 국이나 찌개를 해서 음식이 남으면 냉장고에 냄비 채로 보관하는 편이라 가지고 있는 냄비 모두 잘 사용하고 있다. 뭐 하나 비워볼까 고민을 해본 적이 있지만 버릴 것이 없이 모두 다 잘 사용하고 있다.

나무 재질의 주방용품은 세제를 흡수하기 때문에 세제는 사용하지 않는 것이 좋다. 큰 문제가 없어 보이더라도 주기적으로 사포질과 오일링을 하면 좋은데 살림하면서 조리도구까지 세심하게 관리하기는 사실상 어렵다. 심하게 갈라졌거나 색이 바랬다면 바로바로 교체를 해 주는 것이 현실적이다.

나무 도마 관리법
1. (세척) 베이킹소다를 도마 위에 뿌리고 사포로 여러 번 문지른다.
2. (세척) 물로 깨끗이 헹구어 낸다.
3. (살균) 도마 위에 식초를 도포한다.
4. (살균) 물로 깨끗이 헹구어 낸다.
5. (건조) 통풍이 잘 되는 그늘진 곳에서 잘 말린다.
6. (관리) 주기적으로 오일을 도포하며 관리한다.

*표면이 많이 거칠어졌을 경우에는 사포질 후 오일을 도포한다.

하부 틈새장에 보관 중인 무쇠 팬은 무거워서 보관이 쉽지가 않다. 벽에 걸려면 튼튼한 못이 필요하고 수납장에 그대로 두자니 무거운 탓에 바닥이 상하기 때문에 우리집은 무빙 수납함에 보관하는 중이다. 무빙 수납함은 8년 전 구입했던 것인데 그 후로 2번이나 이사를 하면서도 잘 사용하고 있는 고마운 아이템이다.

비닐봉투는 여러 번 재사용하고 있다. 예쁘게 접어서 보관할 수도 있겠지만 나는 비닐봉투를 접는 데 시간을 사용하고 싶지 않았다. 그래서 막 쑤셔 넣어도 괜찮은 틈새 공간을 찾아서 입구가 좁고 높이가 있는 수납함을 넣어 비닐봉투를 보관하고 있다. 여러 경로로 생겨나는 비닐봉투를 편하게 보관하고 꺼내 쓰고 있으며 눈에 보이지 않아서 깔끔한 느낌이다.

우리집에서 주기적으로 바꾸는 조리도구는 긴 나무젓가락 정도다. 현재 사용하고 있는 무쇠나 스테인리스 제품은 특별한 일이 없다면 평생 사용도 가능하다. 환경 보호도 되고 위생적으로 관리가 가능하다는 점에서 참 좋은 제품이라고 생각한다.

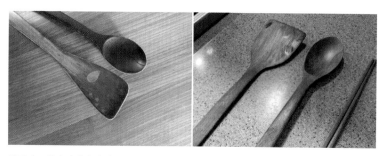

갈라지고 색이 바래서 버리고 새로 구입한 조리도구

미니멀 라이프의 좋은 점은 비움을 고민하면서 내가 사용하고 있는 물건의 의미를 파악하고 개수를 파악할 수 있다는 것이다. 나를 돌아본 다는 것은 항상 의미 있는 일이다.

싱크대 아래 보관하는 주방 청소 도구

우리집 싱크볼 하부에는 렌탈 비용이 나가지 않고 교체가 쉬우며 자리를 크게 차지하지 않는 언더싱크 정수기가 있다. 또 식기세척기 세제와 청소용 수세미 외에 구연산, 산소계표백제, 베이킹소다 등 천연세제 3총사가 있는데 우리집 모든 공간을 청소할 때 사용하는 것이다. 화학 세제는 냄새도 나고 사용하면서도 찝찝한 면이 있는데 천연세제는 냄새도 없을 뿐더러 인체에 무해하다는 것이 가장 큰 장점이다.

중학교 시절 산과 염기에 대해 배운 기억이 있을 것이다. 구연산은 이름에서도 알 수 있듯이 '산'이고, 베이킹소다와 과탄산소다는 '염기'이다.

1. '산'과 '염기'가 만나면 중화작용이 일어나 세정력은 약해진다.
베이킹소다와 구연산을 함께 뿌렸을 때 뽀글뽀글 거품이 생기는데 이는 이산화탄소가 발생하기 때문이다. 흔히 이 거품으로 때가 더 잘 지워진다고 생각하는 경우가 있는데 잘 못된 것이다. 오히려 산과 염기의 중화작용으로 세정력은 떨어진다.

2. '산'과 '염기'가 만나면 물때를 제거한다.
구연산이 물때 제거에 탁월한 이유는 물때의 성분이 '염기성'이기 때문이다. 따라서 구연산을 사용하면 염기성인 물때와 만나 중화작용으로 물때가 사라진다.

3. 베이킹소다와 과탄산소다는 모두 '염기성'이다.
과탄산소다는 베이킹소다보다 조금 더 강한 염기성을 갖고 있다. 어차피 같은 염기성이기 때문에 굳이 두 제품을 섞어서 사용할 필요가 없다.

4. 비누와 세탁세제는 거의 '염기성'에 해당한다.
옛날에 빨래 헹굼 단계에서 식초나 구연산을 넣던 이유는 빨랫감에 있는 염기성을 중화시켜 옷감의 손상을 줄여서 오래도록 잘 입도록 하기 위함이었다. 식초와 구연산은 섬유유연제보다 향은 떨어질 수 있지만 오히려 더 안전한 방법이다.

TIP '베이킹소다, 구연산, 과탄산소다' 사용법

1. 과일을 뽀득뽀득 깨끗하게 세정하고 싶다면 베이킹소다 희석물에 담궈 씻어내면 된다. 다만, 농약제거가 목적이라면 맹물에 담궈 놓는 것이 제일 좋다. 농약은 수용성이기 때문에 베이킹소다 희석물보다 맹물에 더 잘 녹아 나온다고 한다.

2. 화장실 등을 청소할 때에는 베이킹소다를 뿌려서 수세미로 밀면서 물로 닦아내면 되고, 마지막에 구연산을 뿌리고 물로 씻어서 마무리할 수 있다.

다만 둘을 섞어서 사용하는 것은 추천하지 않는다. 밀폐된 공간에서 두 가지를 섞어 사용하면 발생하는 이산화탄소로 인해 어지러움증을 느끼는 경우도 있다.

3. 전기포트 물때는 구연산을 넣은 물을 끓인 후에 물로 헹궈내면 된다.

알뜰하게 소비하는 방법, 소분(小分)

요즘은 1인 가구도 많고 아이도 많아 봐야 하나둘밖에 되지 않기 때문에 음식을 사도 남는 경우가 많다. 이렇게 한 번에 다 먹지 못하는 음식은 알맞은 크기로 자른 후 용기에 담아 보관하면 알뜰하게 소비할 수 있다. 이것을 '소분'이라고 하는데 소분 용기는 안에 어떤 음식이 들어있는지 확인을 쉽게 하기 위해서 투명한 용기를 추천한다. 특히 냉동실에서 잘 사용하는데 육류나 생선 혹은 햄이나 어묵 등을 보관할 때 사용하면 좋다.

사용하고 남은 식재료를 알차게 사용하기 위해 소분을 하기도 하는데 일부러 많은 식재료를 사서 소분하는 수고는 하지 않기를 바란다. 한때 나는 소분하는 것이 살림을 잘하는 방법인 줄만 알고 많은 식재료를 구입한 뒤 소분을 위한 소분을 하면서 나의 시간과 에너지를 사용했다. 얼마나 어리석은 방법이었는지 깨달은 지금은 필요한 만큼의 싱싱한 식재료를 구매해서 먹고, 남은 자투리 채소나 냉동실에 보관할 수밖에 없는 것들만 소분 용기에 담아 두는 등 소분은 최소화하며 살고 있다.

우리집 반찬 용기

우리집 반찬 용기는 거의 사기로 된 제품이다. 요즘에는 스테인리스로 된
예쁜 반찬통이 많이 보이는데 나도 세월이 지나 지금 쓰고 있는 사기 제

120

품 용기가 깨지거나 색이 바래면 스테인리스 용기로 바꿀 예정이다. 하지만 지금 있는 반찬통만으로도 충분해서 지금 당장 구입하지는 않는다.

TIP 반찬 용기 재질

플라스틱 : 주방에서 쓰는 용기나 용품은 플라스틱으로 된 제품은 추천하지 않는다. 아무리 재질이 좋은 플라스틱이라고 해도 오랜 시간 사용하면 미세한 홈이 생겨서 세균이 번식할 수 있기 때문이다. 또한 플라스틱은 색이 변하거나 냄새가 들기도 하며 열에 의해 변형이 잘 일어난다. 우리 몸에 좋지 않을뿐더러 환경오염의 문제도 있다.

내열유리 : 재활용은 되지 않는다. 하지만 열소독을 할 수 있고 유해물질이 나오지 않아 건강하게 오래 사용할 수 있다.

스테인리스 : 일반 강철에 비해 녹과 부식이 적어서 주방용품으로 많이 사용된다. 플라스틱에 비해 음식물 색과 냄새가 물들 위험이 적어서 반찬 용기로 사용하기 좋다.

쓰레기통 없는 집

실평수 18평 신혼집에서 34평 전셋집으로 이사 가면서 가장 먼저 샀던 것은 흰색으로 된 예쁜 쓰레기통 세트였다. 하지만 그 쓰레기통 세트는 2년 만에 진짜 쓰레기가 되었다. 다시 작은 집으로 이사를 하면서 큰 쓰레기통을 둘 데가 없었고 집이 작다 보니 부엌 한군데에만 쓰레기통이 있어도 불편함이 없었던 것이다.

쓰레기통도 쓰레기가 차면 비워야 하고, 씻어야 하고, 말려야 하는 등의 관리가 필요하다. 물건이 많아져서 관리할 일이 많아진다는 것은 나의 시간을 더 사용해야 한다는 말이다.

지금 우리집은 비닐봉투를 걸이에 걸어서 쓰레기봉투로 쓰고 있다. 비닐봉투를 재사용한다는 의미도 있고, 관리할 쓰레기통이 없으니 이보다 더 깔끔할 수가 없다.

사진에 보이는 걸이는 봉지 2개를 걸 수 있다. 우리집은 하나는 비닐

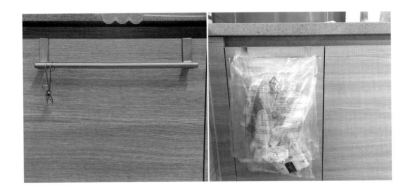

쓰레기를 담는 용, 다른 하나는 일반 쓰레기를 담는 용으로 쓰고 있다.

고무장갑과 행주

고무장갑을 벗기 전 행주에 물기를 닦고 스텐 집게 걸이를 이용해서 걸어두면 물이 뚝뚝 떨어지는 것을 방지할 수 있다. 행주도 사용 후 바로 빨아서 걸어두어야 잘 마르고 냄새가 나지 않는다.

위생적으로 보관해야 하는 행주는 전용 행주 걸이를 사용한다. 전용 제품은 물건이 늘 있어야 하는 자리에 있을 수 있도록 도와주는 장치 역할을 톡톡히 한다.

냉파 후 주방 청소

대부분의 주부는 냉장고 청소가 중요하다는 것은 알지만 냉장고가 가득

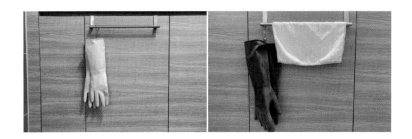

차 있으니 자주 하지 못하는 일이기도 하다. 우리집은 소비를 통제하는 방법으로 냉장고 파먹기, 즉 냉파를 종종 하는데, 장점은 냉장고 청소할 타이밍을 준다는 것이다. 냉장고 청소를 할 때에는 70% 정도의 알코올이나 먹다 남은 소주를 분무기에 담아 칙칙 뿌린 후 마른 행주로 닦아주면 끝이다. 한 번씩 냉파를 하면서 냉장고 청소를 하면 가계부는 가볍게, 냉장고는 깨끗하게, 기분은 상쾌해진다.

주방 찌든 때 없애기

물을 많이 쓰는 주방은 찌든 때가 있을 수밖에 없다. 우리집은 매월 말일마다 찌든 때 없애는 작업을 하고 있다.

싱크볼, 설거지통, 식기 건조대 등 주방제품에는 스테인리스 재질이 많다. 튼튼하고 녹슬지 않는 것이 장점이지만 물때가 잘 생긴다는 단점도 있다. 이때 할 수 있는 가장 좋은 방법은 전기 주전자에 물을 가득 넣고 구연산을 적당량 넣어 끓인 후에 끓는 구연산수를 싱크볼이나 건조대 등에 부어서 솔로 닦아내는 것이다. 이 방법은 전기 주전자 내부에 있는 물때도 제거되니 일석이조의 효과를 볼 수 있다.

전자레인지, 식기세척기, 커피포트 등도 손때가 남아 주기적으로 닦아주는 것이 좋다. 나는 젖은 행주를 이용해서 수시로 닦아 주고 집안 환기를 할 때에는 제품 문이나 뚜껑 등을 활짝 열어서 내부 습기가 마르도록 한다.

TIP 냉장고 내부 청소하는 법!

1. 한꺼번에 음식을 다 꺼내서 정리하려면 힘들다. 메인 선반, 서랍, 문 선반 식으로 구역을 나눠서 하루에 한 군데씩 정리하는 것도 좋다.
2. 구역에 있는 음식물을 다 꺼낸 후 행주에 세제 희석물을 적셔서 닦아낸다.
3. 깨끗한 물로 헹군 행주로 다시 한번 닦아낸다.
4. 70% 정도의 알코올이나 먹다 남은 소주로 닦아낸 후 마른행주를 이용해 마지막으로 닦아주면 된다.

TIP 냉장고 선반 청소하는 법!

선반은 꺼내어서 씻는 것이 가장 좋다. 문 앞의 선반도 다 분리가 된다. 한꺼번에 다 분리해서 씻는 것은 시간도 많이 걸리고 부담이 되기도 하니까 냉장고 구역을 나눠서 하루에 한 군데씩 정리하는 것을 추천한다.

가스레인지 화구 등에 있는 찌든 때는 과탄산소다를 사용하면 좋다. 주의할 점은 과탄산소다의 큰 알갱이를 완벽하게 녹인 후에 사용해야 한다는 것이다. 알갱이가 잘 녹지 않으면 물체에 달라붙어 잘 떨어지지 않는 경우가 생길 수 있다. 물에 오래 담궈 놓으면 어느 정도 녹기는 하지만 더 빠른 시간 안에 녹이고 싶다면 뜨거운 물을 이용하면 된다.

과탄산소다 희석액에 찌든 때가 있는 부품을 넣고 잘 불린 후에 솔을 이용해서 닦으면 어느 정도의 찌든 때는 닦아낼 수 있다.

3.
정리정돈이란 물건의 자리를 정해주는 일

종이가방을 넣은 신발장

보통은 종이가방을 큰 종이가방 안에 수납하는 경우가 많다. 그런데 시간이 지날수록 보관할 종이가방 개수는 점점 늘어나서 부피는 커지고 찾아 쓰기는 불편해지며 생각보다 많은 공간을 차지하게 되는 애물단지가 되어버린다.

내가 정리하는 첫 번째 목적은 '사용하기 편한 장소를 정해서 알맞은 자리에 물건을 두는 것'이다. 그렇게 하면 물건을 찾는 데에 시간 낭비를 하지 않게 된다. 물론 보기 좋게 정리하는 것도 좋지만 나는 '정리를 위한 정리'로 내 시간을 소비하고 싶지 않았고 물건을 찾기 쉽게 만들어 놓으면 충분했다.

그래서 종이가방은 크기에 상관없이 남는 신발장 왼쪽부터 채우고, 알맞은 크기로 접어서 신발장 한편에 꽂아둔 후 필요할 때마다 하나씩 뽑아서 사용한다. 겹치는 크기의 종이가방은 그때그때 분리 배출하는 편인데 이것은 정리하느라 애쓰지 않아도 되고 편하게 사용할 수 있는 방법이다.

물건은 늘 있던 그 자리에!

우리집 현관에는 자투리 수납장이 있다. 맨 아래 칸은 아이들의 손이 잘 닿기에 자주 사용하는 학용품을 넣어두고, 그 위 칸에는 하얀색 수납함을 두어 손톱깎이, 줄자, 택배용 테이프 등 온 가족이 함께 사용하는 물건을 보관 중이다.

라벨기로 예쁘게 글자를 출력해서 붙여 놓는 작업 같은 거는 하지 않았지만 우리집은 어른도 아이도 모두 손톱깎이가 어디에 있는지 안다. 물

늘 어딘가에 숨어서 사용해야 하는 때는 찾기 힘든 작은 물품들과 아이들 학용품을 넣어 둔 자투리 수납장과 손톱깎이 등을 보관하는 정리함

건의 자리가 정해져 있기 때문에 굳이 라벨을 붙이지 않아도 되는 것이다. 사용 후 제자리에 두는 생활 습관만 잘 잡아 두면 라벨까지 붙여야 할 필요성은 느끼지 못한다.

우산은 사람 수 만큼만

네 식구인 우리집은 각자 하나씩 우산을 가지고 있고 여분의 우산 2개가 더 있다. 여분 우산 하나는 차 트렁크에, 비상용으로 보관하고 있는 우산

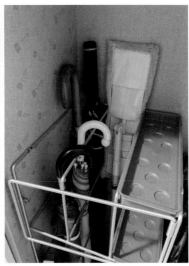

식구 수에 맞춰서 가지고 있는 우산과 아이들 줄넘기 용품, 대걸레 등을 보관 중인 정리함 내부

1개만 남겨 두고 모두 이웃에 나눔을 한 상황이다.

물건 개수가 많아지면 관리만 힘들어질 뿐이다. 꼭 필요한 물건만, 꼭 필요한 만큼만 가지고 있는 것이 공간에 여유도 생기고 자신의 물건이 무엇인지, 어디에 있는지 알기도 쉽다.

나는 필요한 물건이 있을 때에는 내 마음에 꼭 드는 것으로 구매한다. 사진에 보이는 빨간 장우산은 구매한 지 7년이 넘었는데 아직도 잘 간수하며 쓰고 있는 물건이다. 이 우산이 고장이 나면 그때 또 마음에 드는 새로운 우산을 살 것이다. 물건이 여러 개가 아니기 때문에 가지고 있는 하나가 자신의 마음에 들지 않으면 행복하지 않을 것이다.

아이들도 물건에 주인의식이 있으면 물건을 소중하게 생각한다. 연년생이나 쌍둥이일 경우에도 물건을 함께 사용하지 않고 각자의 취향대로 물건을 고르게 한 후 본인 이름을 붙여 놓으면 자신의 물건이라는 인식이 생겨서 물건에 애착과 책임감이 생긴다.

우산 하나라도 '내 것'이라는 주인의식이 생길 수 있도록 만들어 주는 것이 물건을 잘 간수할 수 있도록 잔소리하는 것보다 효과는 더 좋을 것이다. 교육은 따로 있는 것이 아니라고 생각한다. 혼을 내고 잔소리를 하는 것이 아니라 물건을 잘 간수할 수 있는 첫걸음인 '물건을 스스로 고를 수 있도록 하는 것'부터 시작하면 된다.

TIP 부착 고리를 이용한 틈새 공간 활용법

정리하기 애매한 물건은 작은 고리를 이용해서 일단 걸어보자! 우산꽂이 옆 틈새 공간에 부착 고리를 붙여서 줄넘기를 걸었다. 자리가 정해졌기에 훨씬 보기 좋고 편리하게 관리하게 되며, 무엇보다 눈에 띄지 않아서 깔끔하다.
가전제품 전선도 부착 고리 하나면 깔끔하게 정리할 수 있다.

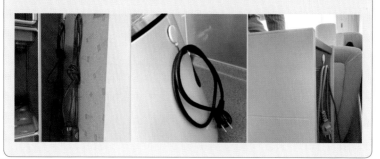

보기 예쁜 정리만 정리가 아니다

이사를 여러 번 했지만 한결같이 같은 자리를 차지하는 물건들이 있기 마련이다. 우리집의 경우는 건전지와 작은 공구, 그리고 가전제품 사용 설명서 등이 그렇다. 보기 좋게 상자에 담아 정리하는 것도 좋겠지만 그렇게 되면 수납함을 또 사야 한다는 문제가 생긴다.

미니멀 라이프를 하면서 예쁘게 보이는 데에 집중하면 오히려 필요 이상의 수납 바구니만 늘어날 수 있다. 나는 이런 자잘한 물건들은 서랍한 군데를 정해서 그곳에 보관하는 중이다. 물건이 많은 것도 아니기에

찾기 쉽도록 자기 자리를 잡고 있는 우리집 수납 용품들

찾아 쓰는 데에 무리도 없다. 예쁜 정리만 정리가 아니다.

내가 정리하는 목표는 '물건을 찾지 않고 바로바로 꺼내 쓴다'에 있다. 그렇기에 드라이기 같은 헤어 기구들은 바구니 없이 선반에 바로 보관한다. 화장품도 많지 않아서 눈에 잘 띄기 때문에 찾아 쓰는 데에 무리가 없다.

4.
10분 만에 화장실 청소 끝내기

힌트는 공중부양

청소가 귀찮은 이유는 물건을 다 치우고 해야 되기 때문이 아닐까? 화장실도 마찬가지다. 청소를 하려면 바닥이든 선반이든 물건을 다 치워야 하는데 그게 너무 귀찮은 것이다. 그래서 나는 일종의 꾀를 부려서 아이가 신는 슬리퍼는 걸이대에, 걸레용 세숫대야와 아들이 쓰는 아기용 변기는 벽에 걸어두었고 양치 컵과 비누는 제품을 이용해 공중부양시켰다! 그리고 선반에는 아무것도 올려두지 않는다. 거실 화장실에는 칫솔건조기로 들어가기 전 물빠짐을 위한 칫솔꽂이가 하나 있지만 안방 화장실에는 그마저도 없다. 우리집 화장실을 주기적으로 닦아줄 수 있는 이유는 선반 위에 물건을 올려두지 않기 때문이다.

우리집 화장실 슬리퍼

보통은 물 빠짐이 용이하도록 구멍이 난 슬리퍼를 화장실 용으로 많이 사용한다. 그런데 그런 슬리퍼는 물 빠짐이 용이한 대신 물때가 잘 끼어 슬리퍼 사이사이 낀 물때를 청소하는 게 여간 번거롭지 않았다. 그래서 나는 물 빠짐 기능이 없는 슬리퍼를 사용하고 있다.

화장실에서 나오면서 문턱에 신발을 걸쳐 두면 물기도 금방 마르고 슬리퍼가 이리저리 뒹굴지도 않는다. 어차피 욕실 문은 살짝 열어 두어서 환기를 시켜야 하는 곳이기 때문에 문제도 없다. 미끄럽지 않은지 걱정하는 분들도 있겠지만 화장실이 넓은 것도 아니고 어른이 신는 것이기에 무리는 없다.

아이들 슬리퍼는 사용할 때마다 걸이대에서 뺐다 꼈다 하지는 않고 아이들 등원 후, 저녁에 잠들기 전에만 걸어 둔다. 그마저도 번거롭다면 청소할 때에만 걸어두는 것도 방법이다.

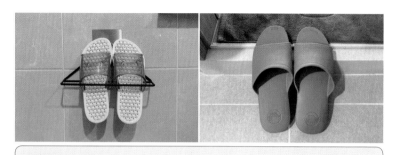

TIP 슬리퍼 청소

세숫대야 같은 통에 슬리퍼가 잠길 정도로 물을 받은 후 사용 설명서를 참조해서 락스를 부어 희석한다. 그리고 2~3시간 정도 슬리퍼를 담가 둔 후 솔로 문지르면 때가 지워진다.
슬리퍼를 담갔다가 꺼낸 락스 희석물을 보고 깜짝 놀랄지도 모른다!

청소도구 보관법

우리집 청소도구는 세면대 가장 아래쪽에 보관하고 있다. 물론 이것도 벽에 부착하는 제품을 이용해서 바닥에 닿지 않도록 띄워 놓았다. 이 또한 욕실 청소 시 물건을 치울 것이 없게 하기 위해서 선반에 물건을 올려두지 않는 이유와 같다. 물 빠짐과 건조가 수월해서 청소도구를 보관하기 적합하다. 초록색 플라스틱은 주방놀이 장난감에 있던 소품인데 빨래비누 보관용으로 재사용하고 있다. 걸이가 있어서 편리하고 물 빠짐이 용이하게 되어 있어서 비누가 물러지지 않는다. 모든 물건은 버리기 전에 잘 사용될 곳이 있는지 한 번씩 살펴보는 습관을 들이는 것이 좋다!

스퀴지, 바가지, 바구니 삼총사

우리집에서 스퀴지는 욕실 청소에 없어서는 안 될 물건이다. 욕실 청소
의 포인트는 물때가 끼지 않도록 하는 것에 있는데 스퀴지로 정리만 해
주어도 보송보송한 욕실을 만날 수 있다. 그만큼 자주 사용하기 때문에
잘 보이는 곳에 걸어두었다. 그리고 아이들 목욕 후 청소할 때 사용하는
바가지는 샤워기에 달린 비누 받침대에 걸어두었다.

　우리집 화장실에서 바닥에 두는 것은 욕실용품을 넣어 둔 바구니뿐이
다. 미니멀 라이프를 알기 전 냉장고 정리를 해보겠다며 소분 용기와 수
납함을 산 적이 있었는데 그때 쓰고 남은 바구니가 화장실에서 제 역할
을 찾은 것이다! 아래에 구멍이 나 있어서 물 빠짐이 쉽고 청소할 때에
는 바구니 하나만 빼놓으면 되기 때문에 편하다. 이 바구니는 냉장고 정
리용으로 나온 제품이지만 우리집에서는 욕실, 옷장 수납함 등 다양한
곳에서 쓰이고 있다.

1. 샤워 후 한곳씩 5분 이내로 자주 청소한다.
한꺼번에 화장실 전체를 청소하려면 에너지가 많이 들어서 하기 싫은 일이 되어버린다. 어느 날은 바닥을, 어느 날은 세면대와 변기를, 어느 날은 욕조와 거울 등으로 나누어서 하루에 하나씩 청소하면 편하다.
　우리집은 아이들 샤워 후에 나온 물을 이용해서 화장실 청소를 하는데 이렇게 하면 5분에 한 곳 청소가 가능하다!

2. 유통기한 지난 샴푸나 바디워시를 이용한다.
샴푸나 바디워시 같은 것도 유통기한이 있다. 그런 것들은 바로바로 버리는 것이 좋은데 그러면 환경오염이 된다. 유통기한이 지난 제품들이 있다면 화장실 청소할 때에 사용하면 때도 제거하고 좋은 냄새도 나니 유용하게 사용이 가능하다.

3. 깨끗한 거울 유지하는 법
샤워 후 몸을 닦아서 물기가 묻은 수건으로 거울을 닦는다. 유리닦개 같은 제품을 굳이 사용하지 않아도 늘 깨끗하게 유지할 수 있다. 몸을 닦고 난 후에 적당한 물기가 묻어 있는 수건이면 충분하다.

5.
허용하는 공간과 시간

공간 각 잡히지 않아도 괜찮아!

서랍장을 보기 좋게 정리하고, 모든 옷을 각 잡아 정리하는 데에 쓰기에는 우리 시간과 에너지는 한정적이다.

나는 결혼 후 제일 먼저 실내복을 던져둘 수 있는 공간을 마련했었다. 지금은 아이들도 이삼일 동안 입는 옷들은 이 수납함에 넣어둔다. 바쁜 아침 출근 시간 전에 휘리릭 벗어 던져두어도 깨끗한 집안을 유지할 수 있는 이유는 이 수납함 때문이다.

칠판 놀이에 관련된 모든 물품은 서랍장 한 칸에 공간을 주어 이곳에 보관한다. 주로 아이들이 사용하기 때문에 잘 정리를 해 두어도 금세 엉망이 되기도 한다. 하지만 제자리에 가져다 두기만 하면 오케이다. 서랍

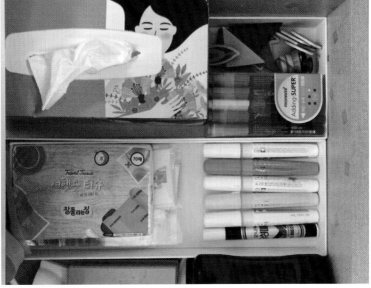

장 안이 예쁠 필요는 없다고 생각한다. 칠판 용품을 찾아 쓰려고 할 때에 저 공간에만 있으면 아무 문제 없다!

나는 아이들에게 예쁘게 정리하는 것을 바라는 것이 아니다. 있어야 할 자리에 두는 것만으로도 충분하다. 그렇기 때문에 나도 정리 때문에 스트레스 받지 않는다. 있어야 할 자리에 물건이 없을 때에는 스트레스를 받지만 있어야 할 곳에 있어만 준다면 모습이 어떠하든지 괜찮다. 가족 모두 편안한 정리 생활을 할 수 있는 방법이다.

TIP 버릴 박스도 다시 보자!

화장품 같은 상품을 사고 나면 튼튼한 포장 박스가 나온다. 그런 것들은 서랍장 등을 정리할 때에 요긴하게 쓰인다. 키보드 박스가 튼튼해서 버리지 않고 서랍장 안에 넣어봤더니 꼭 맞게 들어간다.

시간 지금은 어질러도 괜찮아!

2020년은 코로나19로 인해 아이들이 학교에 간 날보다 가지 않은 날이 더 많았다. 분명히 아침 시간 청소를 완료했는데도 아이들이 집에 있으니 청소를 했는지, 정리를 했는지 알 수 없는 상태가 되어 버렸다. 하지만 괜찮다. 나는 아침 시간 '집 돌보기' 행위를 마쳤으니까. 그리고 저녁 시간에 한 번 더 마무리하면 되니까. 아이가 있을 경우에는 내가 해야 할 일을 했다면 나머지 시간은 집이 어떤 모습이건 허용한다.

누구를 위한 정리인가를 생각해 보아야 한다. 가족 모두가 편안히 지낼 수 있는 공간을 만들기 위해서 정리를 시작했지만 가족 모두 경직된 상태가 되어서 하고 싶은 활동도 제대로 하지 못한 채 지내야 한다면 그곳은 '집'이라는 역할을 하고 있는 것일까? 정리도 좋지만 정리라는 행위에 갇혀 우리의 행동을 구속받으면 안 된다고 생각한다.

아이와 함께 하는 집이라면 환경을 설정해주는 것이 필요하다. 나는 하얀 벽지에 물감이 묻을까 싶어서 벽에서 먼 곳에 책상을 놓아 주었고, 바닥 청소가 어려워질까 봐 신문지를 깔아 주었다. 이렇게 허용 가능한 공간과 시간을 만들어 주는 것 또한 어른이 해야 할 일이지 않을까.

이런 생활을 할 수 있는 이유는 정한 시간에 정리를 하는 습관이 있기 때문이다. '어차피 어질러질 것 치우지 말자!'라고 생각하는 것이 아니라 '아침에 청소했고, 저녁 청소 시간에 정리하면 되지!'라고 생각하게 된다. 저녁 정리 시간에 온 가족이 함께 한 번 더 손을 볼 것이기 때문에 낮에 조금 어질러지는 것은 허용되는 것이다.

6.
재료준비만 되어 있으면 요리는 10분 컷!

자투리 채소 보관과 요리

요리를 하고 남은 자투리 채소는 따로 통을 마련해서 보관한다. 그렇지 않으면 냉장고 안에서 뒹굴다가 까먹어서 음식물 쓰레기로 버리기 일쑤다. 보관 통은 물 빠짐이 쉽도록 채반이 포함된 것이 좋고 아래에 키친타월을 한 두 장 정도 깔아 주면 더욱 보송하게 사용할 수 있다.

여기서 포인트는 자투리 채소라는 것이다! 일부러 재료 손질을 많이 해두지 않는다. 채소도 한 번 칼을 대고 나면 쉽게 무르고 상하기 때문에 흙이 묻은 채로 보관하는 채소는 신문지에 싸서 그대로 두고, 요리 후 남은 채소만 따로 보관하는 것이다.

대파를 사오면 ⅔는 냉장, ⅓은 냉동 보관하는데 냉장 보관할 때에는 대

손질하고 남은 채소를 넣어둔 보관함과 볶음밥과 샐러드용으로 보관한 자투리 채소 / 꿀 병에 보관한 손질한 파는 김치냉장고 서랍 칸에 넣어서 보관 중

파를 잘 씻어 물기를 말린 후 키친타월을 깔아 둔 꿀 병에 넣어 둔다. 요리할 때에는 뚜껑만 열어서 대파를 쏙쏙 뽑아 사용하기 좋고 눕혀 보관하는 것보다 눌리는 면적이 적기 때문에 잘 뭉개지지 않아 신선하게 오랫동안 보관할 수 있다는 장점이 있다.

요리 10분 컷

요리에 자주 사용하는 채소 손질만 잘해두어도 요리에 대한 부담감은 확 줄어든다. 특히 나는 요리하는 것을 별로 좋아하지 않기 때문에 더욱 요리를 쉽고 편하게 할 궁리를 한다. 칼을 잘 들지는 않지만 한번 칼을 잡으면 2~3가지 요리에 사용되는 재료준비를 하는 것이다. 채소를 다지거나 채썰어 놓으면 볶음밥이나 여러 가지 전으로도 활용할 수 있고 양배

추 샐러드, 오코노미야끼, 옛날 토스트 등 무한변신이 가능하다. 재료 준비는 요리에 사용하는 시간을 벌어준다!

우리집 조식은 호텔 느낌

우리집 조식 콘셉트는 '간단하지만 대접받는 기분 내기'이다. 아침을 간단하게 먹기 때문에 거의 식빵이나 모닝빵을 사용한다. 식빵을 그대로 먹기도 하고 샌드위치나 토스트를 만들기도 하는데 과일이나 요거트 등을 곁들이면 그럴싸하면서도 건강한 한 끼가 완성된다.

주중 아침은 수프나 달걀프라이, 시리얼 등으로 더 간단하게 먹지만 주말은 조금 더 정성을 다해서 차려낸다. 주말을 맞는 식구들의 기분이 여행지에 온 것처럼 좋았으면 하고 바라기 때문이다. 그저 조금 더 신경 썼을 뿐인데 예쁘고 건강하게 차려진 조식을 보자면 나 또한 더욱 기분 좋게 주말을 시작하게 된다. 하지만 돌아보면 주중과 주말 아침은 다를 것이 없다. '간단히'가 포인트이고 조금 더 정성을 더할 뿐이다.

주말 아침마다 "밥 먹었냐, 빵 먹었냐!" 확인 전화하시는 친정 아빠는 "애들은 밥을 챙겨 먹여라!"라고 늘 한소리 하시지만 우리 식구는 만족스럽게 먹는 조식이다!

나를 대접하는 느낌으로 혼밥

혼자 있으면 제일 대충 하는 것이 사실은 내 밥 챙겨 먹는 것이다. 우리는 '남·타·커'를 사랑하고 '엄마 밥'을 그리워한다. 남이 타 준 커피와 엄마 밥이 더 좋은 이유는 내가 타 먹는 커피와 내가 차리는 밥상이 더 많기 때문에 그렇지 않을까라고 생각한다. 모든 일에는 에너지가 필요하다. 내 밥 하나 챙기는 일까지도 말이다.

정신없이 아이들 등원을 돕고 집안 정리를 하고 청소 좀 하다 보면 점심시간. 입맛도 없고 먹을 것도 없고 그냥 되는대로 있는 것 하나 입에 욱여넣기 바쁘다. 먹는 것보다는 쉬고 싶은 마음이 더 크기 때문이다.

나는 미니멀 라이프를 하면서 집안일이 쉬워졌다. 정확히 말하면 집안일에 사용하는 시간이 줄었고 남은 시간만큼 나의 에너지도 많아져서 라면 하나를 끓여도 나를 대접하는 마음으로 차려 먹고 빵 하나를 먹어도 치즈와 잼까지 챙겨서 제대로 먹으려고 노력한다.

귀찮을 것 같지만 막상 해보면 그렇지 않다. 그저 나를 귀하게 여기는 마음 한 스푼이면 충분하다. 나는 귀한 사람이기 때문에 이렇게 나 스스로를 대하는 태도가 달라지니 이제는 누가 나를 알아주지 않는 것 같아도 괜찮은 마음이 든다. 아니, 오히려 남편과 지인들도 나를 귀하게 알아주는 것 같은 기분이 들기도 한다.

똑같은 음식이라도 어느 접시에 담느냐에 따라 맛이 달라지지 않는가. 내 점심 한 끼 정도 스스로, 그리고 깔끔하게 차려 먹을 힘을 남겨준 미니멀 라이프에 감사한 마음이 든다.

주중/주말 살림 루틴

좋은 습관을 만들기는 쉽지 않다. 하지만 좋은 습관을 형성해 두면 우리 삶은 그만큼 편해진다. 좋은 습관을 만들 때 좋은 방법 중 하나는 '체크리스트'를 활용하는 것이다. 매일 해야할 일정을 우선순위에 따라서 표

	A	B	C	D	E	F	G	H
		내 용	월	화	수	목	금	일주일 피드백
1								
2	집	거실정리	O	O	O	O	O	주말도 거실정리로 하루를 시작해야지! 평온한 주말을 위해 🙏
3		1일1비우기	O	O	O	O	O	루틴아니였으면 안비웠을 물건들 잘가렴🙌 숨은물건 찾아내기👍
4		동원전 설거지	O	O	O	O	O	동원 후 커피를 마시려고 준비할때도 기분이 좋아지는 마법☕
5	나	기상스트레칭	O	O	O	O	O	스트레칭을 통해 몸도깨우고 잠도깨우자! 루틴생활의 몰입을위해!
6		약+물한컵	O	O	O	O	O	하루중 첫번째 약을 챙겨먹음으로 그뒤에 먹을 약도 잊지않게됨.
7		독서 30분	O	O	O	O	X	지겨울땐 책을 한번씩 바꿔서읽어보자! 책린이에게 맞는 방법으로!
8		동영상강의듣기	O	O	X	O	O	새벽에들은 하나의강의를 시작으로 오전 오후에도 틈나면 듣기👍
9	매일 피드백		❤	❤	▲	●	●	슬루6조.. 남은 2주가 조금은 두렵다.. 끝나도 계속 잘 할수있을까.

로 만들어 체크하는 것이다. 요즘은 어플도 많이 나와 있어서 어플을 사용해도 되지만 자신만의 루틴표를 체크리스트로 만들어 잘 보이는 곳에 붙여두면 굳이 핸드폰을 보지 않아도 된다.

사진은 [슬기로운 엄마생활]에서 진행하는 루틴 프로그램 중 하나인 '매일 루틴' 표이고 이것을 이용해서 멤버들과 함께 좋은 습관을 만들어 가고 있는 중이다. 매일 루틴 표를 만들 듯이 요일별로 청소 표를 만들어 둘 수도 있고 주말 살림 체크리스트를 만들어 사용할 수도 있다. 습관이 되었다 하더라도 한 번씩 빠트리는 경우가 있는데 살림 체크리스트를 만들어두고 체크해나가면 무엇을 해야하는지, 빠트린 것은 없는지 고민하지 않아도 된다.

나의 주말 살림 루틴은 일주일간 사용할 육수 만들기, 전기포트 물때 제거, 주방 싱크볼 청소로 정해져 있다. 주말 동안 다음 주중을 돕는 일들을 해두면 한 주 간의 부엌살림이 편해진다.

주말 살림 체크리스트

	1주	2주	3주	4주	5주	평가
전기포트 물때 제거						
일주일 사용 육수 준비						
다진 채소 준비						
일주일 장보기 정리						
싱크대, 가스레인지 청소						

3부

라이프가
미니멀이
되다

1.
밀도 있는 살림하기

시간을 벌어다 준 미니멀 라이프

앞에서도 언급했지만 나는 '시간 관리'를 하기 위해 미니멀 라이프를 시작하게 되었다. 늦게나마 교사의 꿈을 이루기 위해 결혼 후 8년 만에 임용 고사 공부를 시작했고 고시생 이전에 주부이자 엄마였기에 집안일에 할애하는 시간을 줄여야 했기 때문이다.

사실 그동안은 관리할 물건이 많으면 나의 소중한 시간을 뺏긴다는 생각을 하지 못하고 있었다. 많은 물건을 정리할 때마다 짜증이 났지만 관리할 물건을 줄여서 나의 시간과 에너지를 아낄 수 있다는 생각은 하지 못한 것이다. 그런데 공부시간을 확보하기 위해 시작한 미니멀 라이프는 나에게 시간을 벌어다 주었다.

나의 시간 미니멀을 함께 하고 있는 시계와 시간 가계부

미니멀 라이프를 즐기다 보면 시간적 여유를 느낄 수 있을 것이라 확신한다. 물건을 줄였더니 나를 위한 시간이 확보되는 선순환 미니멀 라이프! 우리 삶이 이렇게 선순환 체제로 돌아가면 얼마나 좋을까?

5분만 해보자!

임용 고사 공부를 하면서 나에게 절실했던 것은 공부시간 확보였다. 아이들 없는 시간 동안 집중력을 최대한 발휘해야 했는데 그때 나는 '뽀모도로 기법Pomodoro Technique'을 활용했다.

토마토를 이탈리아어로 뽀모도로라고 부르는데, 프란체스코에 사는 시실로라는 사람은 토마토 모양의 타이머를 이용해서 시간 관리 방법을 효율적으로 해냈다. 25분 집중하고 5분간 휴식하는 것을 1세트라고 하고 이것을 1뽀모라고 부른다. 그리고 4뽀모 후에는 30분 휴식을 취하는 것이다.

내가 사용하고 있는 타이머 두 가지와 핸드폰 비행기 탑승 설정 페이지

당시에는 뽀모도로 기법이 무엇인지 모른 채 스스로 터득한 나만의 30분 집중법이었다. 30분 동안 집중하고 난 다음에는 10분 동안 한 번 쉬고, 또다시 30분 집중하는 것을 반복했는데 나는 외부 방해를 차단하고 집중력을 높이기 위해 타이머와 함께 핸드폰 비행기 모드를 활용했다.

살림을 할 때에도 타이머를 활용하면 좋다. 설정한 시간 동안 밀도 있게 일을 해낼 수 있도록 도와주기 때문이다. 관리적인 일을 밀도 있게 해내면 보다 여유롭게 나만을 위한 시간을 확보할 수 있다. 화장실 청소나 주방 청소를 할 때 타이머를 맞추고 해보자. 타이머가 울리기 전까지 한 가지 일만 하는 것이 포인트다.

예전에 '5분의 기적'에 관해 쓴 책을 읽은 적이 있는데 정말로 '5분만 해보자!'라고 몸을 움직였더니 미루었던 일까지 다 해내고 마는 능력을 경험했다. 시작하기가 힘들어서 그렇지 우리는 5분의 마법을 안다. 하기 싫어서 미루는 일이 있다면 타이머를 적극적으로 이용해보기를 권한다.

'나'라는 금광 캐기

하루 종일 도서관에 있었다고 하루 종일 공부만 했다고 할 수 있을까? 실제 공부량을 확인해 보면 집중 시간은 생각보다 훨씬 적을 것이다. 우리는 보통 '일주일에 한 권씩, 한 달에 4권을 읽어야지!' 같은 목표를 세우지만 곧 실패한다. 하지만 거창한 목표 대신 '하루 30분 독서' 혹은 '하루 10분 독서'와 같은 실행 가능한 목표를 세우면 성공 확률이 높아진다.

새벽에는 글쓰기를, 오전에는 경제신문 읽기를, 오후에는 독서하는 일상

목표를 세분화했기 때문이다.

사실 집안일은 즐겁지 않다. 나에게는 '해치운다'라는 표현이 더 정확하다. 해치우지 않으면 우리에게 더 큰 괴로움으로 다가오니 할 일을 미루지 말자. '언제든 하면 되지…'라고 생각하지 말고 시간을 정해서 그 시간 안에 끝내는 것이다. 집안일은 아침이나 저녁, 일정한 시간을 정해서 해치우고 나머지는 본인만의 시간을 누리자.

편하게 쉬기 위해서는 몸과 마음 모두 편해야 한다. 몸은 편하지만 시선은 자꾸 미해결과제에 머무른다면 몸이 쉬는 동안 우리의 뇌는 쉬지 못한다. 마음만 불편할 뿐이다. 집안일은 여기저기 쌓여 있는데 애써 눈을 돌린 채 소파에 앉아 있는다고 정말로 편안하지는 않는 경험을 모두가 해봤을 것이다. 정말 편안한 시간을 보내고 싶다면 먼저 불편함을 선

아이들이 아닌 나의 필요에 의해서 매주 가는 도서관

택해야 한다. 불편한 마음을 견디면서 쉬지 말고, 잠시 불편하더라도 하기 싫은 일을 해치우고 편안한 마음으로 쉬자!

나는 아이들이 학교와 유치원 가기 전에 집안일을 다 끝낸다. 그래서 아이들이 나가고 나면 온전히 내 시간이다. 시간은 금보다 귀하다고 하는데, 밀도 있게 집안일을 하고 남는 시간에는 매일 금광을 캐내어 보자. 내 안에 반짝이는 금들이 얼마나 많을까! '아긴 시간에 뭘 해 볼까? 책을 읽을까? 공부를 할까? 강연을 들어볼까?'라는 생각이 들기 시작할 것이다. 나만을 위한 시간에 자기계발을 시작하는 것이다. 자기계발이야말로 '나'라는 금광에 있는 금들을 캐낼 수 있는 한 방법이 아닐까.

인간은 성장하는 존재다. 몸이 자라는 것은 기한이 있지만 우리 마음의 생각은 한평생 지속할 수 있지 않은가. 아이를 핑계로 나의 성장이 멈춘 것을 합리화하지 말자. 내 성장이 멈춘 것은 아이들 때문이 아니라 스스로의 선택이었을 뿐이다!

2.
나를 돕는 살림하기

집 돌보기와 나 돌보기

나는 아침 루틴으로 '집 돌보기'와 '나 돌보기'를 한다. 말 그대로 '집 돌보기'는 집을 돌보는 것이고 '나 돌보기'는 나를 위해 보내는 일정과 시간을 말한다. 가정에서 나의 역할은 아내이자 엄마이다. 아내는 남편을 돕고 엄마는 아이들을 돕는다. 그런데 정작 나는 '나'를 돕지 않으며 살아왔다는 사실을 알았다. 하지만 남편과 아이들을 돕느라 나를 도울 시간이 없었다고 말하기에는 주어진 시간이 많았다.

　사실 나를 도와야 한다는 생각을 하지 못하고 살았다. 스스로 돕는 법이 무엇인지도 알지 못했다. 살림을 잘하는 것, 집안일을 열심히 하는 것이 최선인 줄 알았다. 그것은 '집을 돕는 일'이었지 '나를 돕는 일'은 아

니었다. 물론 집을 돌보는 것이 나를 편하게 하는 일 이기도 하지만 근본적으로 나를 위한 일은 따로 있었다.

'나를 위한 일 한 가지를 하는 일', '나를 위해 시간을 사용하는 일'.

이 두 가지를 위해 나는 새벽 기상을 하고 나만의 시간을 갖는다. 하루 30분 독서를 하면서 나의 미래를 만들어 간다. 그렇다고 집안일을 소홀히 하지 않는다. 식구들 아침과 저녁을 챙기고, 부지런히 집을 돌보고, 틈틈이 청소 등의 집안일을 해낸다.

지금 돌아보면 그동안 나는 남편과 아이들에게 짜증을 많이 냈었다. 아니, 사실은 나 스스로에게 짜증이 났던 것 같다. 아이를 돌보느라 내 시간이 없다는 핑계를 대면서 밤늦게까지 TV를 보거나 핸드폰을 하면서 시간을 보냈고 아침에는 피곤에 절어서 일어났다. 당연히 나의 아침은 여유가 없었다. 눈 뜨자마자 아이들을 챙겨 보내기 바빴다. 남편 배웅? 남편은 이미 출근하고 없었다.

새벽에 일어나자마자 인터넷을 하거나 게임을 하면서 시간을 보내는 사람은 많지 않을 것이다. 저절로 생산적인 일을 하게 되는 시간이 새벽이다. 새벽 기상을 하면서 나의 아침은 달라지기 시작했다. 새벽에 일어나 성경 묵상을 하고 독서를 하고 글을 쓴다. 내가 정한 새벽 루틴이 끝날 때쯤 아이들은 일어나서 거실로 나온다. 나는 미소를 지으며 아침 인사를 하고 아이들을 안아준다. 그리고 아침을 준비한다. 식구들은 아침을 든든히 먹고 각자 가야 할 곳으로 발걸음을 옮긴다.

신혼 때 꿈꿨던 이상적인 아침의 모습. 이상적인 가정의 모습. 꿈에 그리던 그 모습을 결혼 10년 차가 되어서야 만들어 냈다! 조금만 일찍

일어나면 누구나 가능한 현실이었다!

'상대가 변하기를 기다리지 말고 내가 먼저 변하면 된다'라는 말을 수도 없이 들었는데 10년 동안 내가 먼저 변할 노력을 하지 못했다. 아니, 노력은 했으나 작심삼일이었다. 아침의 찌뿌둥한 기분을 잘 알면서도 밤 늦게까지 잠들지 못했고 그 대가로 나의 아침은 짜증과 함께 시작했다.

삶을 변화시키는데 거창한 각오는 필요 없다. 나 같은 경우는 매일 새벽 독서 30분이면 되었다. 거짓말 같지만 정말이다. 삶이 변하는 기적을 체험한 후 많은 주부들에게 이 기적을 전하고 싶어 1인 기업 대표가 되었다. 그리고 지금은 아침 루틴 모임, 독서 모임 등으로 많은 사람들과 거짓말 같은 여유를 누리고 있다.

내가 변하기 시작할 때 우리 가정의 모습은 어떻게 변할지 상상해보자! 남편과 아이에게 바라는 모습이 있는가? 바라는 그 모습을 내게 장착하자. 평소보다 30분 먼저 일어나거나 나만의 루틴을 만들어서 시간을 밀도 있게 사용해보는 것이다. 기적 같은 여유시간이 생길 것이다.

주부 9단으로 만들어 주는 꼼수 살림

이제 나는 해야 할 일을 더이상 미루지 않는다. 하기 싫은 일은 차라리 먼저 해버린다. 그래서 우리집은 아침 시간에 갑자기 손님이 찾아와도 괜찮은 상태를 유지한다. 다만 미니멀 라이프를 알기 전에는 많은 물건으로 인해 청소와 정리가 부담으로 느껴졌다면 이제는 관리할 물건이 적기에 정리하는 데에 큰 에너지가 들지 않는다.

나는 살림에 많은 시간을 쏟고 싶지 않다. 물론 열심히 하지만 최선을 다해 꼼수를 부리고 싶다. '어떻게 하면 더 간편하게 맛있는 요리를 할 수 있을까?', '어떻게 하면 더 수월하게 집안일을 할 수 있을까?', '어떻게 하면 한꺼번에 해치우고 편하게 쉴 수 있을까?' 이런 고민은 나를 '살림 9단'으로 만들어 주었다.

자전거를 처음 배울 때는 모든 신경을 곤두세워야 하지만 세월이 지나면 큰 노력을 기울이지 않아도 쉽게 탈 수 있다. 자동화 시스템이 갖추어졌기 때문이다.

살림이라는 큰 틀 안에는 정리, 청소, 요리 등 여러 분야가 포함된다. 이 모든 일은 매일 반복된다. 반복되는 일상에 자동화 시스템을 적용해서 살림을 하는 데에 큰 어려움이 없도록 만들어 보자. 처음에는 '지금보다 조금 더 잘하자!'라는 마음가짐이 필요하다. '되는대로 하지 뭐!', '오늘은 시켜 먹지 뭐!', '내일 하지 뭐!'라는 마음을 가지면 10년을 해도 제자리걸음일 뿐이다.

회사 일도 마찬가지 아닐까? 연차가 높아지면서 연봉이 높아지는 이유는 그만큼 일에 대한 전문성이 늘어가고 일의 효율이 높아진다고 생각해서 측정된 값이리라. 처음부터 살림과 요리를 잘하는 사람은 없듯이 처음부터 업무에 능통한 사람은 없다. 그러나 시간이 갈수록 잘하는 사람과 제자리걸음의 사람의 격차는 눈에 보인다. 그 격차는 누가 만드는 것일까? 잘 나가는 '그'가 만든 것이 아니라 제자리걸음의 '내'가 만든 것은 아닐까?

조금 더 잘해보려는 생각, 꾸준한 노력이 모든 일에 효율을 높여주는 것이다. 집안일을 10년간 꾸준하게 최선을 다했더니 다른 일에도 굼뜨지 않는다. 집안일이라고 하찮게 생각하고 있는 것은 '그'일까? '나'일까?

나를 돕는 사람은 '나'

나는 사람들에게 '저는 게으르고 싶어서 미니멀하는 여자예요'라고 소개하고는 한다. 게으르다는 말이 먼저 나오기는 했지만 사실 게으름이 목적은 아니다. 관리하는 일은 신속 정확하게 해치우고, 남는 시간은 슬기롭게 사용하고 싶다는 말이다.

내가 아는 지인 중에는 손빨래를 해야만 직성이 풀려서 하루에 몇 시간씩 베란다에 앉아 빨래를 하는 분이 있다. 옷의 수명은 길어지고 본인 마음에 들 정도로 깨끗한 옷을 입을 수 있을 것이다. 사람마다 가치관이 다르기에 누가 옳다 그르다 할 수는 없겠지만 나는 내 시간을 손빨래하는 일에 사용하고 싶지는 않다.

사실 엄마가 되고 가장 힘든 이유 중 하나는 나만의 시간이 없다는 점이었다. 아이 중심으로 돌아가는 일상에서 밥을 편히 먹을 수 없고, 커피 한 잔의 여유도 사치로 느껴졌다. 엄마의 생활이 아이 중심으로 돌아가는 것은 당연하기에 누구를 탓할 수는 없지만 엄마의 삶은 피폐해져만 가는 것을 느꼈다.

아이가 어느 정도 자라고 기관에 다니게 되면 엄마에게도 자유시간

이 생기지만 청소 조금 하고, 대충 점심 챙겨 먹고, 앉아서 조금 쉬어볼
까 하며 시계를 보면 아이 하원 시간이다. 쉰 것도 아니고 일을 한 것도
아니고…. 괜히 더 피곤하면서 기분까지 가라앉는 것을 느끼며 "뭘 하긴
했는데 뭘 했는지 모르겠다"는 말을 중얼거리면서 헐레벌떡 집을 나서
고는 했다.

　주어진 하루 시간은 다 같은데 사람마다 체감되는 시간은 제각각이
다. 아이가 웃으면 엄마도 좋고, 아이가 행복하면 엄마도 행복하다. 반대
로, 엄마가 웃으면 아이도 웃고, 엄마가 행복하면 아이도 행복하다. 행복
한 엄마와 있는 아이는 행복할 수밖에 없다.

코로나를 맞이하면서 우리 아이들은 학교와 유치원으로 가는 평범한 일상을 빼앗겼다. 그리고 엄마들은 혼자 있을 수 있는 시간을 잃어버렸다. 하루 종일 삼시 세끼를 차려내고, 간식까지 챙겨 먹이고 돌아서면 하루가 끝인 일상이 지속 되었다. 마치 돌 전 아기를 키우던 그때로 돌아간 것 같다는 생각이 들었던 그때 나는 나를 위한 시간을 만들기로 결심했다. 그리고 그렇게 나만의 시간을 사수하기 위해 시작된 것이 새벽 기상이었다.

새벽 2시간을 온전히 내 것으로 만들고 나니 이렇게 여유로울 수가 없었다. 전화기에 방해받고 싶지 않아서 '비행기 모드'로 설정하고, 시간이 얼마나 지났는지 시계를 확인하는 수고를 덜기 위해 '타이머'를 활용했다. 그렇게 갖는 '30분 독서 시간'을 '비타30'이라고 이름 붙였다. 이 귀한 비타 30을 매일같이 지켜내었더니 10개월 만에 50권이 넘는 책을 읽게 되었다.

코로나를 맞기 전 나는, 아이를 키우면서는 무언가 할 수 없다고 생각했었다. 아이 때문에 맞벌이를 하기도 힘들고 아이 때문에 자유롭지 못하다고 생각했다. 모든 제약의 이유는 내가 가장 사랑하는 아이 때문이었다. 하지만 지금은 그렇게 생각하지 않는다. 아이 때문이 아니라 아이를 핑계 삼은 나의 소극적인 태도 때문이었다.

코로나 때문에 아이들과 24시간 붙어 지내면서도 매일 새벽 기상을 하고, 독서를 하고, 집에서 일을 한다. 이제 나는 주부의 새벽 기상을 돕고, 매일 독서를 하고, 많은 모임을 기획하고 운영하며, 엄마들의 자기 계발을 돕는 일을 하는 1인 기업의 대표다.

코로나 덕분에 새벽 기상을 하게 되었고 독서 시간을 사수했다. 코로나 덕분에 1인 기업 대표가 되었다. 모든 사업이 그렇겠지만 일은 주어지는 것이 아니라 내가 만들어 내는 것이다. 그런데 나는 왜 늘 '아이 때문에'라는 핑계를 정답처럼 가지고 지난 10년을 보냈는지!

지난 10년 동안 나는 열심히 살았다. 누구 하나 나의 열심을 알아주는 것 같지 않아도 최선을 다해서 식사를 준비하고, 깨끗하게 살림을 했지만 내 마음 한편은 늘 공허했고 자존감은 점점 낮아졌다. 그 이유에 대한 답을 이제야 찾았다. 나를 돌보지 않았기 때문이었다. 지금 내 마음이 어떤지, 지금 내 시간을 어떻게 사용하고 있는지 돌아보지 않았던 것이다.

행복의 스위치는 내가 가지고 있어야 한다는 말을 들은 적이 있다. 가족이 행복해서 내가 행복한 것도 좋지만, 내가 행복해서 그 행복이 가족에게 흘러가면 더 좋겠다. 행복의 스위치가 나에게 있도록 말이다. 나를 도울 수 있는 사람 또한 '나'라는 사실을 잊지 말자.

3.
슬기로운 살림하기

모든 일에는 지혜가 필요하다

나는 어떻게 하면 집안일을 덜 하고, 집은 더 깨끗하고, 내 시간은 더 확보할 수 있을지 늘 생각한다. 모든 일에는 지혜가 필요하듯이 집안일도 되는대로, 손에 잡히는 대로, 눈에 보이는 대로 하는 것이 아니라 나름의 궁리와 꼼수를 부리면 더욱 편하고 즐겁게 할 수 있다는 것을 알게 된다.

나는 내 시간의 가치가 높다고 생각하는 사람이다. 그래서 가능하다면 나의 노동 시간을 줄이고 내 시간을 확보하려고 애쓴다. 노동 시간을 줄이기 위해서 시중에 나와 있는 가전제품을 최대한 이용하려고 하는 편인 나는 5년 전에는 의류건조기를, 현재 집으로 이사 오면서는 식기세척기와 로봇 청소기를 구입했다.

필요 없는 물건을 사는 것은 하지 않지만 지금 나를 조금이라도 편하게 해 주는 물건이라면 얼마든지 구입한다. 직접 하면 되는데 왜 비싼 돈을 들이냐고 묻는 사람이 있을 수도 있겠지만 제품을 써 본 결과 가사도우미 이모님을 부른 느낌이라고나 할까? 정말, 없는 것과 있는 것의 차이는 엄청나다!

빨래 스트레스를 날려버린 건조기

집안일 중에 내가 가장 좋아하지 않은 것은 빨래를 너는 것이었다. 보통은 해가 있을 때 빨래를 널어야 하는데 낮에는 해야할 일도 많아서 그 시간을 빨래 너는 데에 사용하는 것이 아까웠다. 게다가 아이들이 어렸기 때문에 빨래는 무한정으로 나오는 때이니 빨래 너는 시간만이라도 줄이

고 싶었다. 그런 마음에 건조기를 들였고 가사노동 시간을 다이나믹하게 줄여주는 고마운 제품이 되었다. 이전 집에서는 그나마 빨래 널기가 용이했지만 지금 집은 베란다가 좁아서 빨래를 다 널기 힘든데 건조기가 있으니 그런 걱정도 덜게 되어 건조기의 장점은 더욱 극대화되었다.

남편 대신 설거지 중인 식기세척기

내가 임용 고사 시험을 준비하면서 남편은 저녁 설거지를 맡아줬다. 남편이 귀한 시간을 설거지하는 것에 사용하는 것이 안타까워서 식기세척기 12인용을 알아보았지만 좁은 부엌에 빌트인 할 자리가 나오지 않아

서 6인용으로 구매했다. 비록 작은 식기세척기이지만 주부의 역할을 톡톡히 잘 해내고 있다. 남편의 비싼 노동력을 설거지에 사용하고 싶지 않은 아내의 마음이었는데 남편은 식기세척기가 없는 삶은 이제 상상할 수 없다고 말할 정도로 식기세척기는 깨끗하게 설거지를 해준다.

로봇 청소기 이모님

유선 청소기가 하나 있지만 평수가 넓어지고 거실에는 러그를 사용하게 되면서 무선청소기가 필요해졌다.

지금 나의 아침은 로봇 청소기로 러그 위까지 한 번 돌리고 그 사이 식구들 아침을 준비하면서 밤새 마른 식기들을 정리한다. 나는 침구 정리 등 '아침의 집 돌보기'까지 전부 끝내고 나면 아이들은 등원, 등교를 하고 식탁 의자는 러그 위로 올려둔 뒤 로봇 청소기에 물걸레를 장착해서 다시 한 번 돌리면 로봇 청소기는 온 집을 돌면서 바닥까지 깨끗하게 닦아 놓는다.

남편에게 살림 외주주기

"남편이 변하기 원한다면 SNS를 하라!"

브런치에 올린 글의 제목이고 글을 발행하자마자 다음(Daum) 메인

나의 가사 노동 비용을 따지면 시간당 얼마일까?

내가 기계에 살림을 맡기거나 가사도우미의 도움을 받을 때는 비용을 지불해야 한다. 비용보다 만족이 크다면, 혹은 더 많은 수입을 얻을 수 있다면 합리적인 소비이다. 그러나 당장 수입이 없더라도 살림 외주를 통해 주어지는 시간을 소중히 사용할 수 있다면 착한 소비, 슬기로운 소비라고 생각한다.

전업주부는 일정한 수입이 없으니 모든 집안일을 혼자서 다 해내야 할까? 어떤 포지션에 있든지 가장 중요한 것은 '능동태의 삶'을 사는 것이다. 아이 때문에 집에 있어야 하는 것이 아니라, 나의 선택으로 아이 양육을 맡아서 하고 있는 것이다. 워킹맘은 아이 양육은 기관이나 사람에게 맡기고 일을 계속하기로 선택한 것이며 그 또한 가치 있다. 모든 일의 선택은 스스로 하는 것이고 결과도 스스로 책임져야 한다.

시간으로 돈을 벌 수도 있고 돈으로 시간을 벌 수도 있다. 전업주부였을 때는 내 시간으로 돈을 대체했다. 시중에서 파는 음식을 사서 먹는 대신 고기를 사서 직접 돈가스를 만들었고, 두부 스테이크, 함박 스테이크 등을 만들어 최소한의 재료비로 영양가 있는 집밥을 준비했다. 또한 아이들을 직접 돌보면서 양육비를 줄일 수 있었다. 이렇게 식비를 줄이고 양육비를 아끼던 내가 지금은 나의 시간을 아껴줄 수 있다면 기꺼이 비용을 지불한다.

이제 나는 사업이 커져서 집안일은 100% 외주를 주는 것이 목표이다. 시간당 지급하는 외주비용으로 나의 시간을 벌려고 한다. 번 시간에 더 많은 일을 한다면 지혜로운 소비가 될 것이다. 생산적인 일에 집중한다면 그 누구든 성장하지 않을 수 없다.

화면에 올랐다. 실제로 나는 SNS를 운영하면서부터 삶이 많이 변화되었는데 가장 먼저 바뀐 것은 남편의 태도였다. 남편은 밥을 못하고, 과일을 깎지 못하고, 아이들의 손발톱 정리를 못하는 사람인 줄 알았는데 아니었다. '아내가 하니까, 아내가 할 일이니까'라고 생각해서 스스로 하지 않았던 것이다.

집안일을 하고 아이들을 돌보느라 늘 바지런히 움직이는 나를 보며 남편은 항상 "그만하고 좀 쉬어"라고 했지 직접 나서서 내가 하는 일을 돕지 않았다. 그런데 잔소리도 하고 싸워도 보았지만 항상 제자리던 남편이 변하기 시작했다. 내가 SNS에 나의 삶을 드러내기 시작하면서부터 남편은 아내인 나의 삶을 객관적으로 바라보게 되었고 자발적으로 집안일에 참여하기 시작했다. 그리고 지금은 누구보다 든든한 아내의 지원군이 되었다.

타인의 인정보다 남편의 인정과 변화가 내게 큰 소득이다. 또한 나 스스로도 점점 더 성장·발전하는 것은 물론이다. 남편이 출근을 해도 침대에서 일어나지 못했던 내가 이제는 새벽에 스스로 일어나 책을 읽고, 글을 쓰고, 식구들 아침을 챙기고, 웃으며 식구들을 배웅한다. 스스로도 뿌듯 하지만 나의 선한 변화는 남편과 아이들에게까지 전달되어 선한 영향력을 끼치고 있다. 내 시간을 귀하게 여기고, 소중하게 사용한다면 주변 사람도 변한다! 분명히!

4.
지갑도 미니멀이 되다니

마이너스에서 플러스로

집안일에 소비되는 시간을 줄이기로 시작한 미니멀 라이프는 나비효과가 되어 '지갑 미니멀'을 불러일으켰다. 우리 부부는 결혼 8년 차까지 재테크는 고사하고 기본 재무상태 파악도 되어 있지 않았다.

명품을 사거나 해외여행을 자주 다닌 것도 아니었고, 아끼면서 산다고 살았는데 돈은 다 어디로 흩어진 건지 늘 궁금했었다. 그런데 미니멀 라이프를 알고 난 후, 그동안 나는 사지 않아도 될 물건을 쉽게 사고 감정적인 소비 생활을 해왔다는 것을 알게 되었다.

필요한 물건만 사고, 필요 이상 물건을 들이지 않는 것만으로도 카드 값은 눈에 띄게 줄어들었다. 재무상태에 관심을 가지게 되면서 조금씩 공부를 시작했고 '가장 먼저 제로베이스를 만들라!'는 말을 듣고는 아이들 명절 용돈까지 탈탈 털어 마이너스 통장부터 없앴다. 마이너스 통장을 발급한 지 4년 만의 일이었고, 미니멀 라이프를 알게된 지 몇 달 되지 않았을 때였다.

가정 경제에서 마이너스 상태를 없애고 나니 진짜 기적이 일어나기 시작했다. 저축할 돈이 생긴 것이다. 마이너스를 제로로 만들기는 힘들지만 제로에서 플러스 되는 것은 쉬웠다. 0에서 더하기 1만 되어도 플러스니까!

가정에 진정한 변화가 일어나려면 부부가 한마음이 되는 것이 중요했다. 남편도 함께 움직이면 좋겠지만 아내가 말하면 잔소리라고 생각할 것이 뻔했다. 더럽고 치사했지만 꾹꾹 참으며 남편이 가장 기분 좋을 타이밍을 찾아 좋아하는 음식을 배부르게 먹인 후 설득하기 시작했다.

"우리, 애들 재우고 저녁에 유튜브 30분씩 같이 보자. 너무 좋은 강의라 꼭 같이 듣고 싶어!"

남편도 결국 함께 경제 공부를 시작했고 '맞벌이를 해야 돈을 모으지 외벌이로 저축을 어떻게 하냐'라고 말하던 남편의 생각도 바뀌기 시작했다.

모든 변화의 시작은 미니멀 라이프였다. 물건을 한꺼번에 버리면서 정리를 한 적도 없고, 최소한의 물건만을 가지고 살고 있지도 않지만 스스로 미니멀 리스트라고 생각하는 이유는 물건에 대한 나의 마음이 바뀌었기 때문이다. 작은 물건 하나를 들이면서도, 혹은 물건을 버리면서도 '돈'의 관점이 아닌 '필요'와 '환경' 문제로 생각하는 뇌 구로조 바뀐 것이다.

필요한 카드만 최소한으로!

'부자가 되고 싶다면 좋은 지갑을 쓰라'는 말을 들은 적이 있다. 좋은 지갑보다 중요한 것은 정리된 지갑이 아닐까 생각한다.

　신혼 때 지인의 부탁을 거절하지 못해서 만들었던 카드, 혜택이 좋아서 만들었던 카드 들은 결국 우리집 가계를 발목 잡았다. 2장, 3장 카드가 늘어갈수록 소비 통제도 쉽지 않을 뿐만 아니라 지갑 속도 번잡해진다. 아껴 쓸 수 있다는 의지를 불태우지 말고, 아예 쓰지 못하도록 환경 설정을 해 두자. 카드가 주는 혜택에 속지 말고 카드는 한 장으로 줄인 후 그것만 사용하는 것이다. 카드사가 주는 할인보다 더 큰 할인은 나에게 있다. 90% 세일을 이기는 것은 사지 않는 것이다. 소비하지 않으면 100% 세일 아닌가? 내 지갑 속이 미니멀하기 시작하면 재무파악 하는 것이 더 쉬워지고 가계는 풍요로워질 것이라 생각한다.

우리 식구 도서대출카드 4장, 통장 쪼개기용으로 쓰고 있는 체크카드 4장, 남편과 나의 신분증, 그리고 약간의 현금이 들어 있는 나의 지갑

5.
식비 다이어트

쇼핑욕은 식재료로 플렉스

한 달에 한 번 남편 월급날은 나의 식재료 플렉스 날이다! 평소 물건을 미리 사서 집에 쟁여두는 스타일이 아니지만 월급날만큼은 식재료를 많이 담는 편이다. 월급 받기 전에는 냉파를 해서 냉장고가 비어 있을 때여서 한 달간 먹을 저장식품을 사놓기 때문이다.

미니멀 라이프로 인해서 물욕은 줄어들었지만 소비할 때 즐거움은 분명히 존재한다. 나는 꼭 필요한 식재료를 한 번에 사면서 소비욕을 충족하는데, 개인적으로 마트를 직접 가는 것보다 지역 마트에서 배달을 이용하고 있다. 배달을 이용하는 이유는 첫째, 목적지까지 운전하고 가서 마트를 둘러보고, 산 물건을 실어서 집에까지 와야 하는 일에는 흥미가

식재료를 냉장고 안에 넣을 때에는 항상 위생을 생각해야 한다. 정육이나 생선의 경우 포장 외부에도 물기가 묻어 있고 눈에 보이지 않는 균들이 있기 때문에 쟁반 위에 올려서 냉장 보관하는 것이 좋다. 사용 후에는 쟁반만 잘 씻으면 된다.

수박을 통으로 냉장실에 보관할 때는 수박 겉면을 깨끗하게 씻어서 보관하는 게 좋다. 겉면을 씻지 않고 칼을 사용하게 되면 겉면에 있던 세균들이 칼에 묻어 과육으로 옮겨간다.

없는 나는 오고 가는데 드는 시간과 에너지를 줄일 수 있다. 둘째, 인터넷으로 주문하면 할인쿠폰이 있어서 오프라인 매장에서 할인받지 못하는 것들도 인터넷에는 할인쿠폰이 덕분에 식비가 절약된다. 셋째, 카트를 끌고 다니다 보면 이것저것 집어오는 경우가 있었는데 이제는 꼭 필요한 제품만 구매하게 된다.

똑같은 10%라도 결제금액이 커질수록 할인 금액도 커지는 법. 그렇다고 일부러 필요 이상의 식재료를 담는 건 아니고 한 달 동안 꼭 먹는 냉동식품과 저장식품 위주로 담는다. 저장식품은 보존 기간이 길어서 한달 동안 넉넉하게 먹을 수 있다. 매일 필요한 것을 조금씩 구매하는 것도 나들이 삼아 마트 가는 기분이 들어서 재미가 있다. 하지만 필요한 것을 모아서 한 달에 한 번 통 크게 구매하는 것도 소비욕을 풀 수 있는 방법이다.

인터넷 주문의 단점 중 하나는 과대포장이었는데 요즘은 종이가방에 담아서 배달해 주거나 썩는 비닐을 사용하는 착한 마트들이 늘어났기 때문에 오프라인 장보기와 크게 다를 바가 없다.

사람마다 사는 곳이 다르고 장보기 스타일이 다를 것이다. 자신에게 잘 맞는 곳을 찾아서 편하고 즐겁고 알뜰한 장보기를 응원한다.

그때그때 사서 소진하기

옷장에 한 번도 입지 않는 옷은 없는가? 어디 있는지 몰라서 못 찾아 입지는 않는가? 냉장고도 마찬가지다. 어디에 무엇이 있는지 몰라서 썩어

버리는 경우가 생각보다 많다. 냉장실보다 심각한 곳은 냉동실! 검은 봉지로 싸인 물건은 무엇인지 확인하기도 전에 겁부터 난다. 냉동실 재료를 유통기한 내에 먹고 싶어도 뭐가 있는지 확인이 가능해야 먹을 것이 아닌가? 그렇게 방치된 냉동실 식재료를 다시 먹을 확률은 거의 제로에 가깝다.

가장 좋은 방법을 지금 당장 먹을 만큼만 그때그때 사서 소진하는 것이다. 꼭 냉동보관을 해야 하는 경우라면 속이 잘 보이는 통에 보관하는 것이 식재료를 확인하는 데에 도움이 된다.

식재료 파악에 용이한 냉장고 파먹기

음식물쓰레기를 줄이는 가장 좋은 방법은 먹을 만큼만 조리하고 남기지 않는 것이다. 그러기 위해서는 식재료를 먹을 만큼만 구입하는 것이 중요하다. 냉장고 안에 있는 채소 등의 재료를 보드판이나 종이에 써 놓고

해먹을 수 있는 음식을 할 수 있도록 도와주는 것이 '냉장고 지도'인데 냉장고가 가득 차 있으면 그것도 효율적이지 않다. 냉장고 안에 있는 재료를 파악해서 적는 것도 쉬운 일이 아니기 때문이다.

많은 재료를 미리 사두지 않겠다고 다짐했다면 이제 냉장고 정리를 시작하자! 냉장고 문을 열어보았을 때 한눈에 파악이 되지 않는 공간이 있다면 그곳을 먼저 정리하는 것이다. 만든 지 오래되어 손이 가지 않는 반찬은 과감히 버리는 것도 좋다. 지금 먹지 않는 음식은 시간이 지나도 먹지 않게 된다.

이렇게 음식을 버리면서 지구에 미안함이 느껴질 때가 달라질 차례다! '더 이상 아깝게 버리는 음식은 없이 하겠다, 앞으로 많은 양을 요리하지 않겠다!'라는 다짐을 저절로 하게 될 것이다.

그때그때 해 먹어야 더욱 맛있게 먹을 수 있다. 규모 있는 장보기를 하면 식비 절약은 저절로 따라올 것이다.

우리집 매주 식단표

식단표를 짜는 방법은 두 가지가 있다. 메뉴를 정하고 해당 재료를 구매하는 것과 있는 재료로 가능한 요리를 파악하는 것. 장보기 전이라면 전자를, 식재료가 넉넉한 경우라면 후자의 방법을 택하면 좋다.

식단표는 최대한 간단하게 작성해야 오래 지속할 수 있다. 우리는 영양사가 아니다. 5대 영양소까지 따져가면서 고민하고 힘 뺄 필요는 없다.

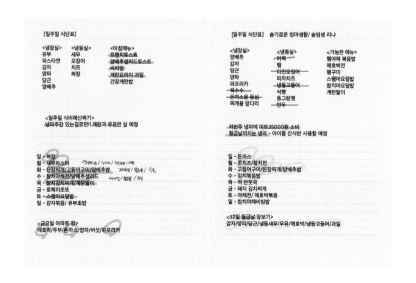

그리고 아침, 점심, 저녁까지 다 정하지 않아도 된다.

가계부든 식단표든 뭐든지 처음은 최대한 간단하게 시작하자. 완벽한 식단을 짜는 것이 중요한 것이 아니라 지속하는 것이 중요하다. 지속하는 가장 좋은 방법은, 쉽게 하는 것이다.

우리집 아침은 주로 달걀프라이, 요거트, 빵 등을 먹기 때문에 식단표에 적지 않고 요일별로 메인 메뉴 한 가지를 적는다. 저녁을 조금 넉넉하게 해서 다음날 점심에 먹기도 한다. 그리고 식단표 그대로 요리할 필요도 없다. 요일이 변경될 수도 있고 메뉴가 바뀔 수도 있다. 식단표는 꼭 지켜야할 약속이 아니라 집밥의 고민을 덜어주는 가이드 정도로 생각하면 된다.

있을 건 다 있는 냉장실

냉장고 맨 위는 가볍고 유통기한이 긴 식품을 보관한다. 우리집은 잼, 치
즈, 매실청 등 주로 조식을 차릴 때 필요한 제품군이 들어 있고 아이들은
키가 닿지 않는 공간이기 때문에 아침 식사할 때에 꺼내어 준다.

두 번째와 네 번째 칸은 '비움 공간'으로 두고 국이나 카레 등 솥에 끓
인 음식들을 냄비 그대로 보관하는 용도이다. 한 번에 다 먹지 못하는 음
식은 굳이 그릇에 담아 두지 않고 냄비 채로 보관하는 중이다. 냉장고도
비움 공간이 있어야 요리 후 음식들이 들어올 공간이 있다.

세 번째 칸은 달걀과 밑반찬을 보관하는데, 냉장고 안쪽은 잘 보이지

않고 꺼내기도 번거로운 사각지대여서 이동이 가능한 수납함을 이용하고 있다.

반찬 수납함으로 사용하고 있는 제품은 장점이 많은데, 세척이 간편하기 때문에 위생적이고, 수납함만 꺼내면 반찬을 한 번에 꺼낼 수 있기 때문에 여기저기 찾을 필요가 없어 상차림이 간편하다. 무엇보다 냉장고 안쪽 '사각지대'까지 활용이 가능하다. 단 수납함은 반찬통을 많이 넣어도 견딜 수 있을 만큼 단단한 것이 좋다.

맨 아래 칸은 무겁고 자주 사용하지 않는 장류를 보관하는데 사용할 정도만 조금씩 덜어서 손이 잘 가는 위치에 두고 사용하고 있으며 문 쪽 선반을 이용한다.

선반을 정리할 때에 편하도록 무거운 것은 아래쪽에 배치하는 게 좋아서 위쪽 서랍 칸은 채소와 과일 등을, 아래쪽 서랍 칸은 잡곡이나 견과류 등을 보관한다.

있어야 할 자리에 있을 때 아름다운 것은 사람뿐 아니라 물건도 그렇다. 우리집 홈바에는 우유, 요리용 육수, 씨리얼, 자주 사용하는 시럽 등이 들어 있다. 홈바는 냉장고 문을 여닫는 횟수를 줄여주는 고마운 장치이므로 음료 등 손이 자주 가는 제품으로 채워 두는 것이 좋다.

6.
보험 다이어트

자신의 보험 내역을 알아보자

공부시간을 확보하기 위해 시작한 미니멀 라이프는 나에게 소비를 통제하는 경험을 가져다 주었고, 생활비 전반을 살펴볼 수 있도록 해 주었다. 곧 우리는 마이너스 통장을 없애고, 신용카드 대신 체크카드를 사용해 매달 주어지는 월급만으로 생활하기 시작했다.

이제는 월급의 지출 내역을 살펴볼 차례였다. 월급에서도 고정비, 그 중에서도 피할 수 없는 분야가 보험비이다. 고정비는 당연히 나가는 비용이라고 생각하지만 실제로 고정비에서 새는 돈이 많다는 것을 알 수 있다. 불필요한 지출을 막는 것부터 시작해야 했다.

첫 번째로 나는 보험 다이어트를 했다. 대부분 보험을 하나 이상 가지

보험사마다 주는 약관과 가족의 보장내역을 정리해 둔 표

고 있지만 제대로 공부하고 가입한 사람은 잘 없는 것 같다. 물건 하나 사면서도 이곳저곳 비교하고 결제하면서 왜 보험은 그렇지 못할까?

나 또한 보험에 대해서 전혀 알지 못한 채 그저 지인의 권유로 여러 보험을 가입했었다. 그 결과는 굳이 말하지 않아도 알 것이다. 나를 위한 보험이 아니라 설계사를 위한 보험이었다. 그에 따른 책임은 스스로가 져야 한다. '알아서 잘 들어줬겠지……'라고 생각하는 것은 무책임하다.

미니멀 라이프를 시작했던 결혼 8년 차에 보험 약관을 처음 살펴보았다. 하얀 건 종이요, 까만 건 글씨였다. 처음 보는 내용이기에 당연했다. 하지만 여기서 포기하면 평생 보험에서 자유하지 못한 채 살아가야 한다는 사실을 알았기에 약관 하나하나 살펴보기 시작했다.

보험 약관을 둘러보던 중 가장 황당했던 건 결혼하면서 가입했던 종합보험에 '운전자보험'이 들어있었다는 것이다. 그 당시 나는 면허도 없었는데 말이다! 6만 원 정도였던 종합보험에서 운전자보험료는 1만 2천 원이었다. 무려 그 보험에서 20%를 차지하는 비용이었다. 지난 8년 동안

이 사실을 모른 채 꼬박꼬박 납부하고 있었다니…. 해당 담보를 삭제하면서 돈을 돌려받았지만 100%가 아니었기에 손해 보는 것은 어쩔 수 없었다. 그 이후 나는 운전면허를 취득했고 더 좋은 보장으로 운전자보험을 가입해서 현재 운전자보험료는 6천 원 정도를 내고 있다.

내가 잘 모르는 분야라고 멀리하기만 했고 그 대가는 고스란히 나의 손해로 남았다. 전문가의 도움은 받아야 하지만 그들의 의견을 100% 따라야 하는 것은 아니다. 도움은 받되 나의 기준이 필요하다. 그래야 새로운 설계사의 의견을 비판적으로 받아들일 수 있게 되고 필요한 보험을 더하기도, 불필요한 담보를 빼기도 가능하다.

보험을 드는 마인드

미니멀 라이프를 알기 전까지 우리 가정은 저축이라는 것을 모르고 살았다. 그저 남편이 매달 받아오는 월급으로 허덕이며 살기를 반복했다. 주

TIP 종신보험과 정기보험의 차이

종신보험(終身保險) : 피보험자가 사망할 때까지 보험 기간으로 보장한다. 저축기능이 있어서 노후 생활자금으로도 쓸 수 있다는 장점이 있다.
정기보험(定期保險) : 피보험자가 사망한 경우에 보험금을 지급하고 보험기간이 끝나면 보험금 지급 없이 계약 만료된다. 저렴한 보험료로 고액의 보장을 받을 수 있다는 장점이 있다.

위를 둘러보니 가장의 생명보험이 없는 집은 우리집밖에 없는 듯 보였다. 보험이란 혹시 모를 사태에 대비하여 드는 것이므로 우리 가정에 남편 사망보장금은 꼭 필요한 장치였다. 나는 강제 저축이라도 하고 싶은 마음에 종신보험에 가입했다. 만기가 되면 넣었던 돈을 모두 환급해 준다고 했고, 월 20만 원씩 20년 납부하는 조건에 사망보장금은 7천만 원이었다.

결론을 먼저 말하자면, 1년간 납부했던 종신보험은 2백만 원가량 손해 보고 해지했고 지금은 사망보장금 1억 원인 정기보험에 가입하여 남편은 월 1만 2천 원, 나는 6천 원씩 납부하고 있다.

나는 '보험은 보장을 위한 월 비용'이라고 생각해서 남편과 나의 사망보장은 종신보험 대신 정기보험으로 대체한 것인데 같은 보장이라도 보험사에 따라 월 납입액이 다르니 보험사마다 약관을 비교해 보고 맞는 보험사에 가입하면 된다.

피하지 말고 즐겨라

어렵고 하기 싫은 일은 미루면 더 하기 싫어진다. 그렇게 차일피일 미루다 보면 한 달, 일 년은 금방 지나간다. 보험 약관은 어려우니 보기 싫고, 모르니까 피하고 싶다. 하지만 가정 재무상태를 돌아보게 되면 늘 걸리는 부분이 보험일 것이다. 언제가 됐든 내가 제대로 알아야 더 이상 누군가의 말에 휘둘리지 않고 고민도 없어질 것이다. 내가 아는 것이 전부는 아니겠지만 기준이 있다면 전문가의 설명도 더 정확하게 이해된다. 매도 미리 맞는 게 낫다고 하지 않는가. 시간이 더 흐르기 전에 우리 가정에서 불필요한 보험료는 없는지 공부하고 확인하는 것이 낫다.

갈아타느냐 다이어트냐

보험에 가입한 지 얼마 되지 않았다면 해지 후 갈아타는 것이 나을 수 있고, 오랜 기간 동안 넣었다면 담보 삭제를 통해 보험 다이어트를 하는 것이 나을 수 있다. 아무리 가입 기간이 오래 되었다 하더라도 전반적으로 보장이 잘못 설계된 것은 담보 삭제만으로 문제 해결이 되지 않기 때문에 아예 해지를 해야 하는 상황이 생길 수도 있다.

이때 결정은 오로지 본인 몫이다. 설계사의 말만 믿고 가입한 보험은 결국은 또 다른 미궁 속으로 빠지게 된다. 스스로 공부하지 않으면 가치 판단을 할 기준이 없기 때문에 문제가 생기는 것이다. 스스로 공부하면 기준이 생기고 누구 말에도 흔들리지 않게 된다.

모든 선택은 나에게! 책임도 나에게!

보험뿐만 아니라 인생은 선택의 연속이다. '스스로 한 선택은 스스로 책임져야 한다'라는 말은 두려움을 주기도 하지만 사실은 평안을 주는 말이다. 내가 잘못한 선택은 내가 수습하면 되기 때문이다. 내가 아닌 타인의 잘못으로 곤경에 빠지는 것만큼 괴로운 일도 없지 않은가.

보험을 잘못 들었다는 것을 깨달았다면 해지 후에 다시 가입하면 된다. 조금 손해를 보면 어떤가. 시행착오를 겪는 과정에서 분명히 배움이 따를 것이다. 하지만 내가 알지 못해서 타인에게 의지해서 보험을 가입하고, 거기에서 오는 착오가 있다면 그것은 손해밖에 남지 않는다. 그러니 지금부터라도 스스로 삶의 주체가 되어 보자.

두려움을 극복해야 올바른 판단이 가능하다

보험 다이어트를 할 때 가장 큰 적은 두려움이다. '혹시 이 병에 걸리지 않을까?'를 생각하기 시작하면 삭제할 수 있는 담보는 없다. 확실한 것은, 잡다한 담보들의 보장을 받기 위해 아파야 하는 건지 헷갈릴 즈음, 보험금을 납입하느라 저축할 여력이 없었다는 사실을 알게 될 것이다.

공부해 본 결과 보험은 보장이다. 저축이 아니다. 보장을 많이 받겠다고 하면 보험료는 올라갈 수밖에 없다. 어디까지 보장 받을 것인지를 결정해야 한다. 보장 범위가 늘어나면 보험료가 올라간다는 것은 당연하다.

보험은 위급 상황에서 우리를 도와주는 고마운 존재다. 만약의 상황에 대비한다는 기준을 세우고 가족력을 돌아보고 부담스럽지 않을 정도의 보험료를 설정하는 것이 현명하다고 생각한다.

7.
쇼핑 다이어트

물욕은 다스리는 것이 아니다

'카드는 없애고 현금을 쓰겠다!'라고 다짐해도 늘 실패했던 이유는 근본적으로 소비 통제가 되지 않기 때문이다. 자연스럽게 소비 통제가 되지 않으니 억지로 소비를 참게 되고 그렇게 참은 소비는 한꺼번에 터지게 된다.

미니멀 라이프를 시작하고 물건 정리를 하면서 그동안 내가 샀던 물건을 많이 버렸다. 모두 다 이유가 있어서 구매했던 것들이었다. 예뻐서, 필요해서, 가지고 싶어서…. 하지만 내가 돈 주고 산 물건을 다시 돈 들여 버리면서 물건을 사는 행위에 신중이 더해지기 시작했다.

'정말로 내게 필요한 물건인가, 오래 사용할 수 있는 것인가, 환경에 유해하지 않은 것인가' 등 그동안은 한 번도 생각해 보지 않았던 기준들이 생겨났고 이러한 기준은 소비의 속도를 늦추어 주었다. 사고 싶지만 돈이 없어서 고민하던 것과는 다른 차원의 문제였다. 부자는 아니지만 더 이상 '텅장'이 아니다! 물욕을 다스리려 노력했을 때에는 마이너스 통장의 '한도'를 채웠지만 미니멀 라이프를 알게 된 지금은 예금 통장의 '잔고'를 채우고 있다!

억지로 참는 것은 한계가 있다. 돈 때문에 참는 것은 언젠가는 터지고 만다. 모든 것은 자연스러워야 오래 간다. 내 마음과 반하는 일을 하는 것은 오래 가지 못한다. 마음이 편할 수 있도록 불필요한 물건을 정리해보자. 한때는 소중했지만 지금은 소중하지 않은 물건을 정리하다 보면 마음도 정리가 된다. 물건을 정리한 후의 나는 더 이상 이전의 내가 아니다. 생각이 바뀌고, 마음가짐이 바뀌고, 행동이 바뀌었으니까.

신용카드 대신 체크카드로

지갑 미니멀을 하면서 마이너스 통장을 어렵사리 털어냈다. 하지만 신용카드까지 차마 자르지 못했던 이유는 '여유'가 없었기 때문이다. 나라에서 행정 예산을 편성할 때에 예측하기 힘든 부분의 지출을 메꾸기 위해 가지고 있는 여분의 돈을 예비비라고 하는데 가정에도 그러한 역할을 하는 예비비가 필요하다. 그래야 다시 마이너스 통장을 만들거나 카드를 발급받는 일을 막을 수 있는 것이다.

지금 나는 신용카드는 전부 없앴고 마트에서 장을 보거나 버스 탈 때에 쓰기 위해 체크카드를 사용하고 있다. 체크카드는 통장에 들어 있는 돈 만큼만 결제를 할 수 있기 때문에 할부 등의 유혹에 빠질 위험이 없고 자신이 지금 얼마를 가지고 있는지 늘 체크할 수 있기 때문에 현금을 쓰는 것과 동일한 효과를 누리면서 포인트는 적립되는 장점이 있다.

미리 사지 않기

우리는 클릭만 하면 집 앞까지 물건이 오는 시대에 살고 있다. 하루라도 더 빨리 물건을 받고 싶은 구매자의 마음을 잘 아는 기업들은 너도나도 '바로배송'을 시작했고 이제는 '당일배송', '새벽배송'까지 당연해졌다. 그런데 생각해 보라. 그렇게 빠른 배송을 받아 놓고 정말로 바로 쓰는 물건은 몇 개나 될까? 사실 그렇게 급한 물건도 별로 없다. 집 안 수납장과 부엌의 냉장고 문을 열어 보라. 샴푸, 세안제, 비누, 치약과 칫솔, 수건, 온갖 먹을거리까지! 아직 우리집에는 많은 물건이 있다는 사실이 재미있지 않은가?

예전의 나는 묶음으로 판매해서 저렴한 홈쇼핑 상품을 많이 샀었다. 그렇게 대량 구매한 것들은 결국 가족, 지인 등에게 넘치게 나누어주었다. 풍성해서 나누는 마음은 참 좋지만 사실 그 비용은 모두 카드빚이었다. 월급 안에서 생활해야 했는데 나의 소비욕으로 인해 구매한 물건들을 나누면서 넉넉함으로 마음의 위안을 얻고 카드값으로 인한 빈 통장을 얻었다. 싸다는 이유로 물건을 미리 사두게 되면 집은 물건에 잠식당하고, 물건을 정리하는 데에 에너지를 사용하게 된다. 이래저래 낭비이다.

　나는 이제 다양한 이유로 물건을 미리 사서 집 안 이곳저곳에 보관하는 행위는 하지 않는다. 내 시간은 금보다 비싸다! 몇천 원의 할인을 위해 여기저기 둘러보고 물건을 고르는 것이 아니라 나의 시간과 공간을 지키는 데에 힘을 쓰고 싶다. 그리고 가장 중요한 사실은 그 세일은 또 한다는 것이다! 어쩌면 진짜 필요한 시기에 더 큰 할인이 기다릴지도 모르겠다.

8.
지구를 돕는 미니멀 라이프

쓰레기 줄이기보다 에너지 줄이기

포장을 줄이거나 재활용이 가능한 재료를 사용해서 쓰레기를 줄이려는 세계적인 움직임을 제로 웨이스트^{zero waste}라고 한다. 말 그대로 쓰레기를 제로로 만들자는 취지다.

나는 제로 웨이스트라고 하면 쓰레기보다는 에너지 절약이 먼저 떠오른다. 쓰레기 산이 만들어지고 묻을 곳이 없어서 방황하다 결국 바다까지 떠밀려 가는 쓰레기들. 그 쓰레기를 줄이는 데에 우리는 많은 노력을 해야 한다. 그러나 에너지 사용에 관해서는 간과하는 부분이 많다. 쓰레기를 처리하는 데에도 에너지가 든다는 사실이다. 전기 콘센트를 뽑아서 전기를 아끼고 수도꼭지를 잠가서 물을 절약하면서 가계의 고정비를 줄이는 데에 집중했다면 이제는 시선을 돌려 지구 건강을 생각해 보는 것은 어떨까?

모든 에너지를 만드는 데에도 그만큼의 비용과 에너지가 들어가기에 에너지를 줄이고 아껴 쓰는 것 자체가 제로 웨이스트의 삶이라고 할 수 있다. 쓰레기를 제로로 만들자는 것은 땅과 바다, 공기의 오염을 줄이자는 것도 있겠지만 장기적인 시각으로 봤을 때에는 지구 수명을 늘리는 것이기에 모든 에너지 절약은 필수다.

가까운 거리는 걷거나 대중교통을 이용하면 대기 오염에 대한 처리 비용은 줄 것이고 원자력 발전소를 덜 지을 수 있다면 그만큼 지구는 지켜질 것이다. 우리가 사용하는 에너지에 대한 초점을 맞출 필요가 있다고 생각한다.

목욕 후 모아진 물은 욕실 청소용으로

욕실편에서도 말했지만 우리집은 아이들을 씻길 때 욕조의 마개를 막아두고 한다. 지구를 생각해서 시작한 물 재사용이 불러온 효과는 부지런이다. 화장실 청소는 하기 싫어서 미루는 경우가 많았는데 나는 아이들이 씻고 나면 바로 청소를 시작했다. 한 번 사용한 물은 위생과 미관상에도 좋지 않기 때문에 청소를 미룰 수가 없어서 바로 청소를 하게 되는 효과가 되어 준 것이다.

지지리 궁상이 지지리도 싫은 나지만 씻고 난 후 버려질 물을 모아 청

소용으로 사용한다. 물세를 아끼자고 시작한 일이었다면 한두 번 하다 말았을지도 모른다. 하지만 나는 이렇게 버려지는 물을 아껴서 조금이라도 지구를 돕고 싶은 마음에 물을 재사용 하고 있다. 아이 두 명이 씻고 나면 생각보다 많은 물이 받아지기에 그 물을 청소할 때 쓰면 유용하다. 바가지로 물을 떠서 이곳저곳에 뿌리면서 청소하는 맛! 해보지 않으면 모른다.

잠깐의 불편함으로 에너지 절약

새 아파트에 이사 왔더니 콘센트가 에너지를 절약할 수 있는 것들이었다. 전자기기 코드를 일일이 뽑지 않아도 알아서 대기전력을 차단해 주고 필요할 때에 버튼을 누르면 전기가 들어온다.

전기세가 아니라 에너지 줄이기에 집중해 보라. 가정마다 절약 콘센트를 사용하는 것도 방법이고 그게 힘들다면 전기 차단 멀티탭을 사용하는 것도 좋을 것이다. 사용하지 않는 전기를 찾아서 바로바로 끄는 작은 행동이 지구를 지키는 데에 큰 힘이 된다.

우리집 화장실은 전등이 두 개씩 있다. 안방 화장실은 샤워실과 세면

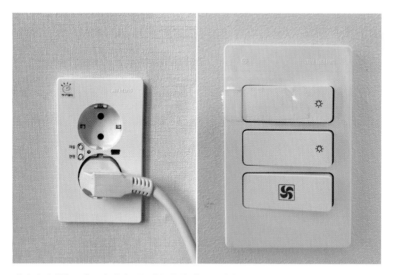

에너지 절약형 콘센트와 테이프를 이용해 맨 위를 고정해 놓은 스위치

대 위에 하나씩, 공용 화장실은 욕조와 세면대 위에 하나씩. 하나만 켜도 불편함이 없어서 나는 하나의 스위치는 눌러지지 않도록 테이프로 고정해 두었다.

언젠가 우리 아파트 인터넷 카페에 몇 날 며칠이 지나도 대피실에 켜진 불이 꺼지지 않는 집이 있다는 글이 올라온 적이 있다. 언제 켰는지 잊고서는 끄지 못한 것일 터였다. 우리집도 밤새 대피실 불을 끄지 않은 적이 있었는데 나는 그 후로 대피실 스위치는 켜지지 않도록 고정시켜 두었다. 대피실 안에는 비상용 전등이 구비되어 있어서 안전상 문제는 없다.

꼭 필요한 곳에 사용하는 에너지까지 줄이자는 것이 아니라 불필요한 곳에 쓰이는 에너지를 줄여서 꼭 필요한 곳에 사용하자는 것이다. 작은 것이 모여 큰 힘을 이룬다고 하지 않는가. 조금씩, 하지만 꾸준히 하다 보면 가정 경제에 분명한 보탬이 될 것이고 우리의 지구는 조금 더 건강해질 것이다.

미루지 않는 습관

우리는 많은 부분 미루는 것에 익숙해져 있다. 그렇게 일이 쌓이고 나중에 그 일을 처리하는데 나의 에너지가 많이 소비된다. 내가 사용하는 에너지가 가장 중요하다고 생각한다. 나에게 사용할 에너지가 없을 때 우리는 감정적으로 소비를 하기 시작한다. 먹지 않아도 될 배달음식을 먹으며 일회용 용기를 사용하고, 필요 이상의 물건을 소비한다. 쓰레기 발생을 줄이는 것에 가장 좋은 방법은 소비를 줄이는 것이다. 꼭 필요한 물건을 사는 것은 문제가 되지 않지만 감정적으로 소비할 때는 나의 지갑도, 우리의 지구도 위험하다. 우리의 에너지를 잘 배분해서 사용하는 것, 고갈될 때까지 나를 몰아붙이지 않는 것, 적절하게 쉬어주며 에너지를 충전하는 것. 이 또한 지구를 위한 일일 것이다.

관리비 내역 확인하기

관리비 내역에는 전기세, 물세는 기본이고 아파트 용역비, 장기수선충당금을 비롯해 꽤 여러 내역이 들어 있다. 가정에서 절약할 수 있는 부분은 전기세, 물세 정도인데 우리 가정의 평균 전기 사용량과 물 사용량 정도는 알아야 에너지 절약에 힘을 쓸 수 있다고 생각한다. 몇백 원, 몇천 원 아끼자고 이러는 것이 아니라 지구를 지키는 첫걸음이라고 생각하면 전혀 귀찮거나 피곤하지 않다.

벽돌깨기 놀이처럼 평균 3개월 사용 내역을 살펴보고 절약 목표를 세우는 것은 어떨까? 그렇게 절약한 비용은 플라스틱 칫솔보다 조금 비싼 나무 칫솔을 산다든지 하는 선한 곳으로 흘려보내는 것이다. 이렇게 환경을 위한 선순환이 일어나기를 간절히 바란다.

우리집 친환경 주방용품

신혼 초에는 코팅 팬을 사서 썼는데 시간이 흐르면서 스텐 냄비와 프라이팬으로 바꾸기 시작했다. 가장 큰 장점은 한평생 사용이 가능하다는 것이고, 가장 큰 단점은 한평생 지겹도록 사용해야 한다는 것이다!

미니멀 라이프를 알게 되면서 환경에 대한 생각은 자연스럽게 따라왔다. 완벽한 제로 웨이스트로 살지는 못하더라도 최소한 쉽게 버리는 일은 하지 않으려 노력한다.

대나무 칫솔, 천연수세미 루파, 애벌 설거지할 때 유용한 말총으로 만든 팬 브러쉬

주방세제 대신 쓰는 비누, 썩는 재질로 만들어진 팬 브러쉬, 평생 사용 가능한 음식물쓰레기통

미니멀 라이프를 시작하면서 물건을 다 버리는 경우가 있는데 이 비움의 행동이 결국은 쓰레기를 만드는 것이 되어버리기도 한다. 가장 좋은 것은 본인에게 필요하지 않은 물건은 필요한 사람에게 드림과 중고판매 등을 통해 물건의 가치를 이어가는 것이다. 사실 품이 많이 드는 일이지만 우리의 수고로 지구가 덜 아플 수 있는 가치 있는 일이다.

물건은 깨끗하게 오래도록 사용하기

플라스틱 우유병이나 종이 우유 팩은 버리면 그냥 쓰레기가 될 것이다. 하지만 냉장고 문에도 딱 맞는 플리스틱 우유병은 곡물이나 가루 재료를 담아서 보관하기 좋고 종이 우유 팩은 길쭉한 모양으로 잘라서 부엌 하부장에 수세미나 자잘한 물건을 보관하면 편하다. 넓은 우유병은 입구를 잘라 서랍 안에 두어 양말 등 작은 물건을 보관하는 용으로 쓰면 좋고,

깨끗이 씻어서 잡곡 등을 보관 중인 우유병

4년째 사용 중이지만 아직도 새것 같은 면 생리대

평생 사용이 가능한 스테인리스 제품의 음식물 쓰레기통과 10년째 사용 중인 빨래 건조대

화장품을 사면 나오게 되는 상품 포장 박스를 활용해서 서랍 내부 공간을 정리할 때 사용하면 좋다.

비싸다고 다 좋은 것은 아니지만 '오래 사용할 수 있는가?'의 기준에 비추어 물건을 고르면 꼭 비싸다고만 할 수는 없다. 그래서 나는 초기비용이 조금 들더라도 오래 쓸 수 있고 내가 아끼고 사랑할 수 있는 물건으로 채우고 있다.

음식물쓰레기통과 멀티팟 등은 플라스틱보다 더 비싸긴 하지만 평생 사용할 수 있는 스테인리스 재질로 구매했고 지금까지 잘 사용하고 있다. 아마 별 문제가 없다면 평생 사용도 가능할 것이다.

일회용 컵보다 텀블러 사용을 권장하는 이유는 일회용품 사용을 줄이고 텀블러 사용을 지속적으로 하라는 의미이다. 아무리 오래 사용할 수 있는 재질이라 하더라도 그냥 버려진다면 무슨 의미가 있을까. 친환경 제품이라도 사용 횟수나 사용 연수가 적다면 진짜 일회용 제품을 쓰는 것보다 못할 것이다. 그러니 조금 더 고심하고 골라서 오랫동안 사랑하며 사용하려고 노력 중이다.

여러 번 재사용이 가능한 비닐봉투

굳이 돈을 주고 사지 않아도 집안에 넘치는 비닐봉투. 100장씩 묶어서 팔기도 하고 가격도 저렴해서 마음 편히, 걱정 없이 쓰고 있는 것 같다는 생각이 들 정도로 우리에게는 친숙한 제품이다.

사실 비닐봉투는 종이봉투를 만드느라 나무를 베는 것이 안타까워 한 번만 쓰고 버리는 것이 아니라 여러 번 재사용하라고 만든 제품이다. 그런데 그 비닐봉투가 환경을 어떻게 파괴하는지 알게 된다면 지금처럼 편한 마음으로 쓸 수 있는 사람이 과연 몇이나 될까?

우리집에 사은품으로 들어온 일회용 팩은 몇 년째 줄어들지 않고 있다. 마트에서 포장으로 딸려 온 비닐봉투를 재사용해도 문제가 없기 때문에 굳이 새 비닐봉투를 꺼내어 쓸 일이 없기 때문이다. 만약 썩는 비닐로 대체되어 가격이 올라간다면 사람들이 비닐봉투를 좀 아껴 쓸까? 단순히 생각할 문제는 물론 아니겠지만 확실히 비닐봉투 사용은 줄어들 것이고 지구는 조금이나마 건강해질 것이다. 쓰기 어려울 정도로 더러워진 것이 아니라면 한두 번은 더 쓸 수 있다는 인식을 갖게 된다면 좋겠다.

몇 년째 줄지 않는 일회용 비닐과 재사용 하고 있는 비닐봉투를 모아 놓은 상자

편의점과 소포장 문제

우리 아파트 입구에는 편의점이 있다. 아들은 편의점 앞에서 등하원 차량을 이용하기에 그곳은 늘 유혹 거리다. 매일 갈 수도 없고 매일 실랑이를 할 수도 없는 노릇이다. 이럴 때 기준이 있으면 좋다. 아이와 일주일에 몇 번, 무슨 요일에 갈지를 정해보자. 우리집은 '편의점은 목요일'이라는 규칙이 있다. 아이가 "오늘 편의점에서 과자 사 먹고 싶어요!"라고 할 때에 "오늘 무슨 요일이지?"라고 물으면 아이는 스스로 판단하게 되어 욕구를 멈추고 기다릴 줄 안다. 육아에는 일관성이 중요하다는 말을 한다. 아이와 편의점 가는날도 '일관성'을 부여한다면 아이는 훨씬 더 쉽고 편안하게 기다릴 수 있다.

마트보다 소분 포장된 상품이 더 많아서 쓰레기가 더 많이 나온다는 것을 설명해 주면 아이는 생각보다 빨리 이해한다. 우리가 사는 물건이 어디에서 와서 어디로 가는지, 우리가 많은 물건을 사지 않을 때에 지구에 어떤 도움이 되는지 설명하면 아이는 지구를 위한 자신의 선택을 뿌듯하게 여기고 스스로 소비 통제의 이유를 찾게 될 것이다. 지구를 위한 아이의 작은 노력은 스스로에게 뿌듯함을 안겨 준다고 믿는다.

또, 나는 소포장 되어 있는 식재료 구매는 지양하려 노력한다. 김의 경우도 소포장되어 있는 것보다는 조금 품이 들더라도 잘라서 먹는 묶음 김을 구매하는 것이다. 몇 장 먹으면 사라지는 김에 비닐, 플라스틱 용기, 제습제까지 들어 있으니 밥 한 공기 먹을 때마다 김 관련 쓰레기는 몇 개씩 배출되기 때문이다.

214

과자의 경우 소포장된 제품이 많다. 아이가 골라야 하는 날은 엄마의 기준을 살짝 내려놓는 유연함이 필요하지만 엄마 권한으로 사는 간식의 경우에는 조금이라도 포장이 덜 된 제품을 고르는 편이다.

빈 용기를 내미는 용기

세대수가 많은 아파트의 경우에는 주 1회 혹은 5일마다 아파트 장이 서는데 장바구니와 빈 통을 가져가면 비닐과 일회용품 없이 재료들을 구매해올 수 있어서 자주 이용 중이다. 사실 요즘 재래시장도 과일 같은 경우

비닐봉투 없이도 구매가 가능한 아파트 장

아이들 간식용 핫도그 두 개, 남편이 좋아하는 순대, 주머니에 담아 온 감자와 바나나

는 플라스틱과 일회용품 포장이 일반적인데 아파트 장에서는 비닐봉투 없이도 장보기가 가능해서 좋다.

요즘 SNS에서 많이 보이는 말 중에 하나가 '용기 내!'이다. 빈 용기를 내미는 것이 처음에는 쑥스러울지라도 한 번의 용기를 내면서 그만큼 환경을 보호하는 일이기에 캠페인처럼 번지고 있다. 처음은 어렵지만, 한 번만 용기를 내 보면 누구나 어렵지 않게 할 수 있다!

리필용과 대용량 제품

우리집은 아이 어른 할 것 없이 손·발은 물론 몸 전체를 도브 비누를 이용해서 씻는다. 샴푸비누도 사용해보았는데 딸아이와 나의 경우 머리숱이 많아 비누 소진 속도가 너무 빨랐기에 어쩔 수 없이 샴푸는 대용량으로 구매해서 사용하고 있다.

또, 샴푸나 바디워시, 주방세제에 씸씽뇌는 부분은 재활용이 어려워서 대부분은 일반 쓰레기로 배출된다고 한다. 이런 점이 안타까워서 주방세제의 경우는 덜어 사용할 수 있는 리필용으로 구매해서 사용하고 있다.

요즘은 서울이나 수도권에 빈 용기를 가져가면 제품만 사올 수 있는 제로 웨이스트 샵zero waste shop이 늘어나고 있다고 하는데 전국적으로 확대된다면 정말 좋을 것 같다.

플라스틱 용기 대신 구매한 리필용 세제와 대용량으로 구매해서 쓰는 샴푸

TIP 분리 배출

유리

내열유리와 도자기는 재활용이 불가능해서 일반 쓰레기로 배출해야 한다. 재활용 유리는 순수 유리보다 더 낮은 온도에서 녹기 때문에 에너지 소모와 이산화탄소 배출량이 적다. 다만 깨진 유리는 재활용되지 않을뿐더러 선별자가 유리 조각에 찔릴 수 있기 때문에 신문지 등으로 잘 감싸서 버리고 경고문을 부착해야 한다.

또한 유리 안에 담배꽁초 등의 쓰레기가 있으면 바로 소각장으로 보낸다고 한다. 유리병을 깨끗하게 씻어서 분리 배출하는 것은 기본이다. 기름병의 경우는 다른 유리병에 비해 세척에 더욱 신경을 써야 하는데 달걀껍질을 부수어 물과 함께 넣어 세차게 흔들면 깨끗하게 씻긴다.

플라스틱

페트병은 찌그러뜨려서 부피를 줄이는 것이 좋다. 뚜껑은 분리 안 해도 괜찮지만 라벨은 떼서 비닐로 분리 배출해야 한다. 다 쓴 칫솔모, 알약 포장재 등 복합재질이 섞여 있는 플라스틱은 일반 쓰레기로 분리 배출한다.

택배쓰레기

박스 테이프, 택배 송장은 제거하고 박스를 납작하게 접어서 배출한다. 뽁뽁이라고 불리는 비닐완충재는 비닐류로 분리하면 되고 젤 아이스팩은 종량제 봉투에 넣거나 주민센터에 가져다 주기도 한다. 코팅된 전단지, 택배 송장, 스티커, 영수증, 박스테이프, 금은박 비닐로 코팅된 종이 등은 일반 종량제 봉투에 버려야 한다.

음식물쓰레기

일반 쓰레기	코코넛, 파인애플, 복숭아, 살구, 감 등의 씨
	딱딱한 동물 뼈, 뾰족한 생선 뼈, 조개·소라 등 어패류와 게·새우 등 갑각류의 껍데기
	단단한 옥수숫대, 고추씨, 양파 껍질과 뿌리, 달걀 껍데기, 차 티백, 한약재 찌꺼기, 원두 찌꺼기
음식물쓰레기	바나나, 사과, 귤 껍질 등 연한 껍질
	수박·통 무·호박·배추 등 큰 채소와 과일들도 잘게 부수어 분리 배출

먹을 만큼만 요리하기

서울시에서 발표한 내용을 보면 서울시에서 하루 평균 발생하는 음식물 쓰레기 양은 올림픽 수영장 경기장 1.5개를 가득 채우는 양이라고 한다. 충격이다. 사실 가정에서 나오는 것보다 음식점, 구내식당 등에서 배출되는 음식물쓰레기의 양이 현저히 많다고 한다. 대부분의 사람은 음식점이나 구내식당 등에서 남기는 것에 대해 큰 죄책감을 느끼지 않는 것 같다. 본인 돈 내고 먹는 음식이기는 하더라도 음식물쓰레기를 처리하는 데에 드는 비용과 에너지를 따져본다면 앞으로는 한 번 더 생각해 볼 문제이기는 하다.

우리집에서는 반찬을 꼭 덜어 먹는데 한번 손댄 반찬은 다시 반찬통에 넣지 않는다. 그러니 한번 꺼낼 때 소량씩 꺼내어 먹고 모자르면 다시 또 덜어 먹는다. 이렇게 하면 위생적이기도 하지만 음식물쓰레기가 현저히 줄어든다. 가정에서도 한꺼번에 많은 양을 차리기보다 조금씩 덜어 먹는 문화가 생긴다면 좋겠다.

먹을 만큼만 요리하고, 먹을 만큼만 덜어 먹기

에필로그

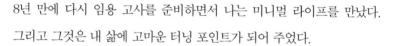

8년 만에 다시 임용 고사를 준비하면서 나는 미니멀 라이프를 만났다. 그리고 그것은 내 삶에 고마운 터닝 포인트가 되어 주었다.

'공부 시간 확보를 위한 정리'라는 확실한 목표가 있었기 때문에 정리를 위한 정리, 완벽한 모습의 정리가 목표가 아니었다. 그랬기에 나만의 생존 미니멀이 만들어진 것이다.

완벽하게 정리를 하고 공부를 시작하려고 했다면 공부가 정리에 밀려버렸을 것이다. 하지만 나는 정리라는 이름으로 한꺼번에 모든 물건을 내버리지 않았다. 급하게 비움을 했다면 나는 분명히 후회했을 것이고, 미니멀 라이프를 유지하지 못하고 있을지도 모른다.

시간이 날 때마다 조금씩, 그리고 천천히 진행된 비움과 정리는 공부하는 시간 동안 활력이 되어 주었다. 개수가 많아도 필요하다면 버리지 않았고, 가질 것은 가지면서 진행한 비움은 소유에 대한 명확한 기준을 갖게 해주었다.

하지만 비워야 할 물건이 있다면 단호하게 결정했다. 조금도 고민하지 않았다. 조금씩, 그리고 꾸준히 필요 없는 물건과 사용하지 않는 물건 먼저 정리하면서 버리는 것에 스트레스받지 않고, 나의 공부시간을 빼앗기지도 않으면서 정리를 한 것이다.

'나는 물건 사는 것에 얼마나 많은 돈을 쓴 것인가. 이렇게 버려질 것들에 나의 시간과 돈을 사용했구나!'

물건을 비우면서 알게 되었다. 나는 예쁜 쓰레기를 모으며 살아왔다는 것을. 예쁜 쓰레기들을 정리하기 시작한 뒤로 나는 물건 하나를 사는 것에 더 신중해졌다. '"고민은 배송만 늦출 뿐이다!"라는 말은 내가 지을 것일까?'라는 생각을 했을 정도로 필요한 것은 지금 당장 사야 했던 내가 달라진 것이다.

연초가 되면 남편과 항상 다짐을 하고는 했다. 우리에게 주어진 재정을 지혜롭게 사용해보자고. 어떻게 하는 것이 지혜롭게 사용하는 것인지도 모른 채 다짐만 했었더랬다. 어쨌든 지금처럼 살면 안 될 것 같아 소비 통제를 해보리라 마음을 다잡아 보지만 월급은 통장을 스치고 지나갔고 마이너스 통장 금액은 늘어만 갔다. 명품을 산 것도 아니고, 해외여행을 다닌 것도 아니고, 아이들 교육비를 많이 쓰는 것도 아니었다. '외벌이라 돈을 못 모으는 거야!'라고 하기에는 '다른 집들은 어떻게 모으고 사는 거지?'라는 의문이 따랐다.

미니멀 라이프를 접하고 물건을 하나씩 정리해 가면서 알게 되었다.

이렇게 소소하게 버려지는 돈이 모여 마이너스의 삶을 만들어 내었다는 것을. 이전에는 카드값을 줄이기 위해 소비를 절제하고 참았다. 하지만 소비 욕구를 잘 통제했다고 칭찬할 만한 시간이 지나면 참았던 물욕이 한꺼번에 터졌다. 소비를 참으면 뭐하나. 한꺼번에 써버리는 것을. 그렇게 소비욕은 통제되지 않았고 스트레스는 늘어만 갔다.

그랬던 내가 변하기 시작했다. 내 삶에 정말 필요한 것인가를 한 번 더 생각하게 되면서 소비 속도는 점차 느려졌고, 그전에는 억지로 참아야 했던 소비 욕구가 이제는 저절로 통제되기 시작했다. 너무나 신기했다. 카드값을 줄이고 싶어서 그렇게 노력해도 무너지기 일쑤였는데 마음가짐이 바뀌니 생활이 쉽게 변화되기 시작했다.

자연스럽게 가정의 재무상태에 관심을 가지게 되었고, 마이너스 통장을 없앤 후 제로 베이스로 만들었으며 보험 다이어트를 시작으로 주식계좌를 만들면서 이제는 플러스의 삶을 살고 있다. 미니멀 라이프를 알지 못했다면 아직도 마이너스 통장과 씨름하며 우리집 대문 앞에는 매일 예쁜 쓰레기들이 도착하고 있었을 것이다.

지금 현재 가지고 있는 돈이 얼마인가의 문제가 아니었다. 내가 내 삶에서 필요한 물건과 돈을 통제할 수 있는지, 나에게 주어진 시간을 내 것으로 사용하고 있는지의 문제였고 이것은 모두 마음가짐에서 비롯되었다. 미니멀 라이프는 나에게 시간과 돈을 가져다주기 시작했다. 그리고 내가 주체가 되는 삶이 무엇인지 알게 해주었다.

이전 삶은 시간도 돈도 내 것이 아니었다. 돈에 끌려다녔고 주어진 시간을 허비하며 살았다. 꼭 필요한 물건을 남기기 시작하면서 자연스럽게 공간과 돈, 시간까지 정리가 되기 시작했다. 마음은 부자가 되었고 나의 삶은 점점 만족스러워져 간다.

남편의 월급은 이전과 비슷하지만 우리집은 이전보다 더 적은 예산으로 생활이 가능해졌고, 필요한 곳에 재정을 사용할 때마다 감사와 즐거움이 넘쳐난다. 같은 돈이라도 내가 돈을 대하는 태도가 달라진 것이다. 얼마나 가지고 있느냐가 아니라 내가 어떤 마음으로 돈과 물건을 대하고 있는지의 차이. 그것은 결국 마음가짐이었다.

비움의 최종 종착지는 환경이었다. 덜 쓰고, 좀 더 아껴 쓰고, 한 번 더 쓰는 것! 제로 웨이스트라는 것이 특별한 누군가만 할 수 있는 일은 아니라는 것을 알게 되었다.

거창할 필요 없다. 지금 보이는 한 공간만 정리해보자. 필요한 것과 그렇지 않은 것을 분류하다 보면 생각이 명확해질 것이다. 비움을 하게 되면 이전과 다른 소비관이 생길 테니.

작은 비움으로 맞게 될 당신만의 나비효과를 기대한다.

나에게 필요한 것은 남기고, 똑똑하게 채우는 시간
슬기로운 미니멀 라이프

펴 낸 날 1판 1쇄 2021년 7월 9일
　　　　　 1판 4쇄 2023년 3월 14일

지 은 이 홍은실
펴 낸 이 고은정

펴 낸 곳 루리책방(ruri-books)
출판등록 2021년 01월 04일

전　　화 070-4517-5911
팩　　스 050-4237-5911
이 메 일 ruri-books@naver.com
블 로 그 blog.naver.com/ruri-books
인 스 타 @ruri_books

I S B N 979-11-973337-1-2 (13590)

"Because he loves me," says the LORD, I will rescue him; I will protect him, for he acknowledges my name.

- Psalms 91:14